MIRCEA ELIADE

THE
QUEST

History and Meaning
In Religion

探寻

宗教的历史
和 意义

[美] 米尔恰·伊利亚德 —— 著　　晏可佳 —— 译

上海书店出版社
SHANGHAI BOOKSTORE PUBLISHING HOUSE

前　　言

　　没有一个比"宗教"更确切的术语可供我们指称关于神圣的经验，可谓不幸。该术语本身虽然历史悠久，但在文化上却极其局限。人们不禁要问，它何以能无差别地运用于古代近东、犹太教、基督教和伊斯兰教，或者运用于印度教、佛教和儒教，以及所谓的原始民族？但是，我们要寻找另外一个术语也许为时已晚，而"宗教"仍不失为一个有用的术语，只是我们要谨记，它不必一定是指关于上帝、神鬼的信仰，而是指关于神圣的经验，因而它是和存在、意义与真理联系在一起的。

　　实际上，我们难以想象，倘若不能坚信这世上还有某种不可化约的实在，人类将如何思考；同样，我们也难以想象，倘若不能赋予人类的动机和经验以意义，意识又将如何产生。意识到一个真实且有意义的世界与发现神圣，两者密切相关。通过对神圣的经验，人心就能理解那些自身显现为真实、有力、丰富及充满意义的事物，与一切并非如此的事物——亦即混沌的、险象环生的、毫无意义的事物的生生灭灭之间的区别。

　　在先前发表的作品中，我曾对神圣的辩证法及其结构展开过讨论，在此无须重提旧事。我只消说"神圣"是意识结构中的一个要素而不是意识史上的一个阶段。一个有意义的世界——而人是不能生活在"混沌"之中的——乃是我们可以称之为神圣显现的辩证过程的结果。人类的生命通过效法超自然存在所启示的典范而变得有意义。效法超自然的范式便构成了"宗教"生活的一个重要特征,这是一种结构性特征,与文化和时代无关。从我们所能得到的最古老的宗教文献,到基督教和伊斯兰教,效法神灵(*imitatio dei*)作为人类生存的规范和指南从未间断;事实上,不可能出现相反的情况。在文化最古老的层面上,生而为人本身就是一种宗教行为,因为采集食物、性生活以及劳作都因此而具有圣事的价值。换言之,作为人或成为人就意味着是"宗教的"。

因此,从一开始哲学反思就与在发生学和结构学的意义上都是"宗教的"意义世界相遇了——这对于"原始民族"、各东方民族及前苏格拉底时代也大体如此。神性辩证法在一切人类思维随后发现的辩证运动之前,充当了它们的一个范式。在一个未知的、浑沌的、恐怖的世界里,关于神圣的经验揭示了存在、意义和真理,从而为系统思想预备了道路。

这便足以唤起哲学家对于宗教史学家和宗教现象学家的工作的兴趣,但是宗教经验还有其他一些令人更感兴趣的地方。神显(hierophanies)——亦即通过象征、神话、超自然存在等表现出来的神圣的显现——被理解为诸种结构,构成了需要用一种特殊的解释学加以解释的前反思性语言。在大约超过四分之一个世纪的时间里,宗教史学家和宗教现象学家就试图精心构造这样一种解释学体系。此类工作尽管与古典学家的努力有所不同,但它可以利用来自湮没已久的文化或相距遥远的民族的资料。对于研究者而言，凭着一种有力的解释学，宗教史学就不再是一个收藏化石、遗址和奇异事物（*mirabilia*）的博物馆，而是成为本该一开始就成为的那样：成为一系列有待破译和理解的"信息"。

对于这些"信息"的兴趣并不仅限于其历史方面。它们不仅向我们"倾诉"各种早已逝去的过去，还揭示了同现代人直接相关的基本生存状况。正如我在本书某一章所指出的那样，对神话、象征及其他传统的宗教结构的意义进行破译，极大地丰富了我们的意识；在一定意义上，可以说会促成学者的内心转化，甚至有同感的读者的内心转化。可以将所谓宗教的现象学和史学，视为人文学科中为数不多的兼具入门性与灵性的学问。

在一个逐渐世俗化的社会里，这类研究也许会变得更加意义非凡。从犹太教—基督教的视角来看，我们对世俗化的解释至少有一部分是错误的。例如，它被视为一种不断去神秘化的过程，这个过程本身就是诸先知清除**宇宙**及其生命的神圣之努力在近期的一种赓续。但这并不是全部的真相。在最激进的世俗化的社会里，在最具破除传统性的青年运动中（例如"嬉皮士"运动）中，有一些貌似非宗教的现象，可以从中破译出新的独创的对于神圣的发现——其本身从犹太教—基督教视角显然是看不到的。我并不是指诸多社会的和政治的运动，例如民权、反战示威等中间那种显而易见的"宗教性"。更为重要的在于，从现代艺术，某些意义重大、相当流行的影片，一些同青年文化相关的现象中存在的宗教结构和（尚未意识到的）宗教价值，尤其是从一种真正的、意义深远的"人在**宇**

宙中的生存"(重新发现的自然、无拘无束的性观念、强调"活在当下",以及摆脱社会的"规划"和雄心壮志等)中,发现宗教的维度。

这些对于神圣的发现大多指向那种在基督教得胜以后就消逝了的、仅在欧洲农民中残存的宇宙宗教。重新发现**自然**和**生命**的神圣性,未必意味着复归"异教"或"偶像崇拜"。尽管在一个清教徒眼里南欧农民的宇宙宗教本来就是某种形式的异教,但是它仍是"宇宙的、基督教的礼仪"。在中世纪犹太教那里也发生了类似的过程。幸亏在喀巴拉的传统中,成功地发现了一种在拉比改革后似乎已永远失去的"宇宙的神圣性"。

这些讨论并不是为了证明近来某些青年文化运动的各种表现形式中有一种隐含的基督教。我要说的是,当此宗教危机的时刻,人们不能预见到,也许本身就看不到对于这种危机的创造性回应。此外,人们也不能确定,对于一种潜在的新的神圣经验的表达。"整体的人"并没有被完全去神圣化,人们甚至还怀疑这样的情况是否可能存在。世俗化在意识生活的层面上高歌猛进:古老的神学观念、教义、信仰、意识、机构等被逐渐褫夺了意义。但是,没有一个活生生的、正常的人能够被化约为他的意识的、理性的行为,因为现代人仍有梦想、谈恋爱、听音乐、上剧场、看电影、读书——总之,不仅生活在一个历史的和自然的世界,而且还生活在一个存在的、私人的世界,生活在一个想象的**世界**里。只有那些宗教史学家和现象学家才能认识并破解这些私人世界或想象宇宙中"宗教"的结构和意义。

在这里,我们不必无的放矢,去复述本书的观点。概而言之，对古老的和异域的宗教的分析，这种兴趣并不局限在它们的历史意义。哲学家、神学家及文学批评家同样都可以通过发现这些被遗忘、被误解或被忽略的意义世界获益匪浅。正是因为这个原因，我试图描述并讨论那些从其他不太为人熟悉的宗教中援引的材料。近来在对三大一神教、佛教，甚至印度宗教哲学家的理解上有了长足的进步。任何感兴趣的读者很容易得到许多关于这些主题的名著。

本书所辑论文并非为"专家"，而是为那些有教养（honnête homme）、有文化的读者所写。因此，我毫不犹豫地引用那些例证。对于这些例证，宗教史家、人类学家和东方学家，熟稔已极，唾手可得，但是非专业的读者可能并不熟悉。然而我希望，（这些例证）与那些对于世界的意义一无所知或所知不多的现代西方人的相遇，能够诞生一种我所称的"新人道主义"。这些论文，如同我此前发表的作品一样，都意图强调宗教史学家在一个去神圣化社会中的文化功能，强调发展一种关于神圣及其历史显现的系统解释学。

本书大多数论文都曾刊载于不同的出版物中，但是我已经重新校读并加以扩充。我很高兴在此感谢我以前的三位学生。哈里·帕廷先生（Harry Partin），他曾将第三章的法文草稿翻译为英文。艾尔弗雷德·希尔德拜特（Alfred Hilterbeitel），他校对了第五、七、八诸章，并且加以润色。以及诺曼·吉拉尔多（Norman Girardot），他编制了全书的索引。

米尔恰·伊利亚德

目　　录

前言 ·· 1

第一章　一种新人道主义 ················· 1
第二章　1912 年以来的宗教史回顾 ············· 14
　　社会学研究取径 ························ 16
　　深层心理学和宗教史 ··················· 21
　　鲁道夫·奥托 ························· 24
　　从《上帝观念的起源》到社会人类学 ············· 25
　　佩塔佐尼和普通宗教学（allgemeine Religionswissenschaft）
　　　　························· 29
　　神话和仪式学派 ························ 32
　　乔治·杜米兹和印欧宗教 ··············· 33
　　范德莱乌和宗教现象学 ················· 36
　　"现象主义者"和"历史决定论者" ············· 37
第三章　探索宗教的"起源" ··············· 48
　　太初的启示 ························· 48
　　比较宗教的起源 ······················· 51
　　物质论、通灵论、神智论 ··············· 53
　　着迷于起源问题 ······················· 56

　　高位神和上帝之死 ⋯⋯⋯⋯⋯⋯⋯⋯⋯⋯ 59

　　历史性和历史决定论 ⋯⋯⋯⋯⋯⋯⋯⋯⋯ 63

第四章　危机和更新 ⋯⋯⋯⋯⋯⋯⋯⋯⋯⋯⋯ 69

　　"第二次文艺复兴" ⋯⋯⋯⋯⋯⋯⋯⋯⋯⋯ 70

　　整体的解释学 ⋯⋯⋯⋯⋯⋯⋯⋯⋯⋯⋯⋯ 72

　　"入会礼"或自我异化 ⋯⋯⋯⋯⋯⋯⋯⋯⋯ 75

　　解释学和人的改造 ⋯⋯⋯⋯⋯⋯⋯⋯⋯⋯ 77

　　宗教史与文化更新 ⋯⋯⋯⋯⋯⋯⋯⋯⋯⋯ 80

　　抗拒 ⋯⋯⋯⋯⋯⋯⋯⋯⋯⋯⋯⋯⋯⋯⋯⋯ 82

　　去神话化的假象 ⋯⋯⋯⋯⋯⋯⋯⋯⋯⋯⋯ 85

第五章　宇宙诞生的神话和"神圣的历史" ⋯⋯⋯ 90

　　现存的神话和宗教史学家 ⋯⋯⋯⋯⋯⋯⋯ 90

　　一个宇宙诞生神话的意义和功能 ⋯⋯⋯⋯ 96

　　太初和整体 ⋯⋯⋯⋯⋯⋯⋯⋯⋯⋯⋯⋯⋯ 99

　　"大父"和神话祖先 ⋯⋯⋯⋯⋯⋯⋯⋯⋯⋯ 101

　　两类太初性 ⋯⋯⋯⋯⋯⋯⋯⋯⋯⋯⋯⋯⋯ 106

第六章　天堂与乌托邦：神话地图和末世论 ⋯⋯ 109

　　弥赛亚的"时尚" ⋯⋯⋯⋯⋯⋯⋯⋯⋯⋯⋯ 109

　　寻找人间天堂 ⋯⋯⋯⋯⋯⋯⋯⋯⋯⋯⋯⋯ 112

　　太阳的象征 ⋯⋯⋯⋯⋯⋯⋯⋯⋯⋯⋯⋯⋯ 113

　　美式天堂 ⋯⋯⋯⋯⋯⋯⋯⋯⋯⋯⋯⋯⋯⋯ 115

　　返回原始基督教 ⋯⋯⋯⋯⋯⋯⋯⋯⋯⋯⋯ 117

　　"美国生活方式"的宗教起源 ⋯⋯⋯⋯⋯⋯ 119

　　美国作家对亚当时代的乡愁 ⋯⋯⋯⋯⋯⋯ 121

　　瓜拉尼人寻找失去的天堂 ⋯⋯⋯⋯⋯⋯⋯ 124

世界的终结 ……………………………………… 126

无魔之地 ………………………………………… 128

通往诸神的"道路" ……………………………… 131

瓜拉尼人弥赛亚思想的原创性 ………………… 132

第七章　入会礼和现代世界 …………………… 138

朝向定义 ………………………………………… 138

青春期入会礼 …………………………………… 139

秘密会社 ………………………………………… 141

萨满和巫医 ……………………………………… 142

最近关于"原始人"入会礼的著述 ……………… 143

秘传宗教；印欧人的秘密会社 ………………… 144

口传文学中的入会礼范型 ……………………… 146

心理分析学家和文学批评家的贡献 …………… 149

对于现代世界的意义 …………………………… 151

第八章　宗教二元论导论：雌雄同体和两极对立 …… 159

问题史说 ………………………………………… 159

历史决定论和还原论 …………………………… 162

两种类型的神圣性 ……………………………… 165

南美的孪生神 …………………………………… 167

科基人（Kogi）的对立和互补 ………………… 170

斗争和协调：曼纳布须（Mänäbush）和治病小屋 …… 174

高位神和文化英雄 ……………………………… 176

易洛魁人的二元论：神话的孪生子 …………… 178

崇拜仪式：对抗和转化 ………………………… 180

普韦布洛人：对抗和互补的一对神灵 ………… 183

加利福尼亚印第安人神话：上帝及其对手 ·············· 185

小丑 ··· 188

若干评论 ··· 190

印度尼西亚的宇宙结构：对抗和综合 ·············· 191

宇宙诞生、仪式性的竞争和辩经：印度和中国西藏 ······ 195

提婆和阿修罗 ··· 197

密多罗—缚噜拏 ··· 198

两极和对立统一（*Coincidentia Oppositorum*）·········· 200

阳和阴 ··· 202

最后的评论 ··· 204

索引 ··· 220

第一章 一种新人道主义 *

尽管有手册、期刊和书目，但如今的学者要赶上突飞猛进的宗教史研究是越来越困难了。[1]因此要成为一名宗教史学家也越来越困难。学者总是遗憾地发现自己竟然沦为某个宗教，甚至是某个宗教的某一时期、某一方面的专家。

这种状况促使我们要创办一份新的期刊。我们的宗旨不只是为学者提供一份新杂志而已（不过单是缺少一份此类杂志本身，就足以为我们的冒险提供充分的理由），更主要的是提供一种助力，以便对一个不断开拓的领域加以引导，并且在不同专家——他们向来是跟不上其他学科的发展——中激发观点的交流。我们希望通过总结最近在宗教史某些关键问题的最新进展、方法论的讨论及试图推进宗教材料的解释，达到引导和交流的目的。

我们之所以对解释学有特别突出的兴趣，是因为它在我们这门学科里面是最不发达的。学者们过分关注，并且经常

---

* 本章最初发表于《宗教史》1961年第1期，芝加哥大学出版社，第1—3页。题为《宗教史和一种新人道主义》，有修订和补充。

事实上完全沉浸于他们迫切的、责无旁贷的工作,收集、出版和分析宗教材料,他们常常忽略研究它们的意义。这些材料代表各种宗教经验的表达;归根到底代表人们在历史进程中的位置和处境。无论赞同与否都必须承认,如果只是重构了宗教形式的历史,或者阐明其社会、经济或者政治背景,学者一定没有完成自己的工作。除此之外,他必须理解其意义,即考察并阐明那些使之在某个特定历史时刻出现或得胜的情境和状态。

宗教学只有担负起这一重任——尤其是要使宗教文献的意义为现代人所理解——才能够发挥其真正的文化功能。无论比较宗教研究在过去曾经充当怎样的角色,它在不远的将来注定要起到一种首要的文化作用。正如我们在不同的场合说过的那样,我们所处的历史性时刻迫使我们相遇在一起,哪怕是五十年之前都不曾想象的。一方面,亚洲各民族重新进入历史;另一方面,所谓的原始民族也将更大范围地进入历史的视野(也就是说,他们正寻求变成历史的积极的主体,而不是他们迄今为止所谓的消极的客体)。但是,如果西方各民族再也不是唯一创造"历史"的民族,那么他们的精神的、文化的价值就再也不能享有他们前几代人所享有的特殊地位了,更不要说不受质疑的权威性了。这些价值现在正受到非西方人的分析、比较和判断。另一方面,西方人也被引导来研究、反思和理解亚洲的古代世界的精神性。这些发现和联系必须通过对话而得以拓展。但是为了进行真正的、富有成果的对话,就不能局限于经验的和功利主义的语言。真正的对话必须讨论参与对话者的核心文化价值。为了正确地理解这些价值,就有必要知道他们的宗教源泉。因为，正如我们所知，非欧洲的文化，无论东方还是原始民族的，都受到丰富的宗教土壤的滋润。

因此我们相信，宗教史注定要在现代文化生活中扮演重要角色。这不仅是因为要理解外来的和古代的宗教，就必然要围绕这些宗教的表现形式开展文化对话。尤其是因为，在试图理解宗教史学家正在研究的这些文献所表达的生存处境的过程中，他将不可避免会得到关于人的更为深层的知识。正是在这样的知识基础上，可以在全世界范围内产生一种新人道主义。我们甚至还可以寻思，宗教史或许还可以为它的形成作出最重要的贡献。因为，一方面，宗教的历史学的和比较的研究涵盖了所有迄今为止为我们所知的文化形式，既包括人种学的文化，也包括那些在历史上曾经扮演重要角色的文化；另一方面，通过研究一种文化的宗教形式，学者可以研究文化的内部，而不仅仅从社会学的、经济学的以及政治学的语境去研究它。总之，宗教史学家注定要解释不为西方人所熟悉的大量的处境。正是通过对于这些不熟悉的、"外来的"处境研究，才能够超越文化狭隘主义。

但是还不仅在于扩大了视野，还有关于"人类的知识"的数量上的、统计学上的增长。正是与"他者"相遇——与属于不同类型的古代的、外来的社会相遇——才能在文化上发挥刺激和丰产的作用。正是对这种独特的解释学的个人经验才具有极大的创造性（参阅下文第 77 页）。通过宗教史的进步所带来发现和"相遇"所产生的影响，可与过去西方文化某些著名发现所产生的影响相媲美，这并非没有可能。我们还记得,外来的和原始艺术的发现复兴了现代西方美学。我们尤其记得心理分析学家发现的无意识,开启了我们对人类理解的全新视野。在这两个相似的例子中,都有和"外国的"、未知的、"全然的他者"[2]的相遇。当然,这种和"他者"的联系并非不存在危险。对现代艺术运动和深层心理学的最初抗拒便是一个恰到好处的例证。因为,毕竟认识到"他者"的存在,不可避免地造成官方文化世界的相对化甚至是毁灭。自从接受并吸收立体主义和超自然主义之后,西方美学世界就发生了重大变化。在弗洛伊德的发现以后,前心理分析时代的人所生活的"世界"就变得过时了。但是这些"破坏"却为西方富有创造性的天才开辟了新的视野。

所有这些只是表明在宗教历史学家面前展现的无限可能性,表明他们直面那种"相遇"以便理解与他们所熟悉的人们有所不同的人类的无限可能性。很难相信,像旧石器时代的一个猎人或一个僧人那样的"外国的"经验对于现代的文化生活毫无作用。显而易见,只有当学者走出纯粹阐述的阶段——换言之,在挑选、描述和分类他的材料后,他们还要努力根据他们自己的参照系去加以理解,这样一种类型的"相遇"才有可能具有文化上的创造力。这并不是要贬低阐述。但是,阐述本身毕竟并不能完成宗教史学家的全部任务,就像拥有关于13世纪意大利和同时期的佛罗伦萨的文化、中世纪的神学和哲学研究的知识,熟悉但丁的生平,并不足以解释《神曲》的艺术价值。我们几乎不愿重复这种老生常谈。但是,一个宗教史学家成功地重构一个宗教的编年历史的先后顺序,或者把它的社会的、经济的以及在政治的语境弄得一清二楚，并未大功告成，如果是这样的话，我们说得还不够。就像每一种人类现象一样，宗教现象也是极为复杂的。为了把握它的全部价值及其全部意义，就必须从多个观点入手。

遗憾的是，宗教史学家尚未从他们的同事——文学史家或者文学批评家的经验那里获取充分的教益。这些学科所取得的进步本来可以使他们避免误解的不幸。如今人们一致同意，在文学史家、文学社会学家、批评家以及美学家之间的学术工作存在着一种连续性和一致性。只要举一个例子就可以了：即使对19世纪法国的社会和历史（就其最广泛的意义而言——其政治的、社会的、文化以及宗教的历史）一无所知就几乎无法理解巴尔扎克的作品，我们也不能将《人间喜剧》化约为纯粹的、简单的历史文献。这是一部独一无二的个人的作品，而正是因为这个理由，我们必须去理解巴尔扎克的生平和心理。但是我们必须对这个鸿篇巨制本身如何产生开展研究，研究艺术家如何加工他的原料、创造性的精神如何战胜直接的经验材料。在文学史家完成了他的工作之后，还必须进行整体的解释工作，而这便是文学批评家的作用。他要将作品当成一种自主的世界，有着自己的规律和结构。至少在诗人那里，甚至文学批评家的工作也不能穷尽其全部的主题，因为还有待文体学和美学方面的专家去发现并解释诗性世界的价值。但是当美学家说出了最后的话，是不是就可以说一部文学作品得到了最终的"阐释"了呢？在伟大作家的著作里总是存在着一种秘密的消息，只有在哲学的层面上，才有可能得到理解。

我们希望众人能够宽恕我们对这些文学作品点到为止的

解释。它们当然是不完备的[3],但是我们相信,它们足以证明,凡是研究文学作品的人都已经充分意识到它们的复杂性,而且,除了若干例外,并不企图通过将它们化约为这个或那个起源——幼时创伤、天生异常,或者经济的、社会的或者政治的处境——对其加以"阐释"。从某种观点看,美学的世界可以和宗教的世界进行比较。在这两种情形下,我们都不得不同时处理个体的经验(一方面是诗人及其读者的美学经验,另一方面是宗教的经验)以及超越个体的实体(博物馆里面的一件艺术品、一首诗、一部交响乐;一位神圣的人物、一种仪式、一个神话等等)。当然,我们可以永远继续讨论将怎样的意义赋予这些艺术的和宗教的实体。但是,至少有一件事似乎是显而易见的:艺术作品,就像"宗教材料"一样具有一种本身特有的存在模式;它们存在于自身参照系的层面上,存在于它们特殊的世界里。这个世界并不是直接经验的物质宇宙的事实,并不说明它们的非实在性。这个问题已经得到了充分的讨论,这就省得我们在这里重新加以探讨。我们只是补充一点:一件艺术品显示其自身的意义,只是因为它被视为一种自主的创造,亦即因为我们接受它的存在形态——亦即一种艺术的创造——而且不将其化约为各种组成元素(以诗歌为例,即为声音、词汇、语言结构等等),或者化约为它的一系列的用途(一首传达某种政治消息,或者可以充当社会学、人种学文献等的诗歌)。

同样,在我们看来,一种宗教材料只有当其在自身参照系的层面上予以考察而不是被化约为其次要的方面或其存在的背景,其深层意义才能够得到揭示。仅举一例为证:很少有宗教现象能够比现代殖民地民族中的弥赛亚—千禧年运动（货船崇拜，等等）那样能够与社会政治环境更加直接、更加明显地联系在一起。不过考察并分析这种弥赛亚运动得以发酵并成为现实的条件，只不过构成宗教史学家工作的一部分。因为这些运动同样也是人类精神的创造，因为它们通过一种精神的创造活动而成为其所是的那个样子——成为一种宗教运动，而不仅是一种抗议和反叛的形式。总之，必须像研究《神曲》那样去研究诸如原始弥赛亚主义那样的宗教现象，也就是说，通过运用各种可能的学术工具去研究（而不是回到我们前文关于但丁的讨论，亦即只是研究他的词汇或句法，或者只是研究他的神学和政治学的观念，等等）。因为，如果说宗教史注定要推动一种新人道主义的兴起，那么宗教史学家就义不容辞地要发掘所有这些原始的宗教运动的自主的价值，亦即作为精神创造的价值。总之，将它们化约为社会经济的背景，也就是认可它们本身并不充分"崇高"，并不足够"高贵"，不能把它们视为《神曲》或者圣方济的《小花》那样真正人类天才的创造。[4] 我们可以期待，在不久的将来，从前各殖民地民族的知识分子将许多社会科学家视为西方文化的潜伏的卫道士。因为这些科学家极其固执地强调"原始的"弥赛亚运动的社会政治起源和特征，可以怀疑他们有着一种西方优越性的情结，亦即深信这样的宗教运动诞生不了例如像弗洛里斯·约雅敬（Gioacchino da Fiore，1130—1202）和圣方济那样"摆脱社会政治危机的羁绊"的相同水平的宗教运动。

当然，这并不意味着可以在其"历史"之外，也就是在其文化和社会经济的语境之外去理解一种宗教现象。并不存在外在于历史的"纯粹"的宗教材料,因为并不存在一种人类的材料同时又不是一份历史材料的情况。每一种宗教经验都是在某个特定的历史背景下得以表达和传播的。但是,承认宗教经验的历史性并不意味着它们可以将其化约为非宗教的行为方式。我们说宗教材料本身是一份历史材料,但并不意味着可以将其化约为一种非宗教的历史——例如,化约为一种经济的、社会的或者政治的历史。我们一定要注意一条现代科学的基本原则:尺度造就现象。正如我们在其他地方曾经提到的那样[5],亨利·彭加勒曾经不无讽刺地问:"一位只在显微镜下研究大象的博物学家会不会认为他对这些动物已有足够的认识呢?"显微镜显示出细胞的结构和机能,它们和所有有机物的结构和机能完全相同。大象当然是一个多细胞有机体,但那就是大象的全部吗? 在显微镜的尺度里,我们的回答也许还有犹豫不决。从人类视角——这个视角至少有一个有利条件,就是可以将大象当成动物学的现象——则这个回答就不会有什么疑问了。

　　我们无意在此创造一种关于诸宗教之科学的方法论。这个问题极为复杂,绝非寥寥数语所能解决。[6]但是我们认为重复这一点是有所帮助的,即"宗教人"(homo religiosus)代表着"整体的人";因此,关于诸宗教之科学就必须成为一门整体的学科,因为它必须利用、整合,以及阐述从各种方法研究一种宗教现象所得到的不同结果。在某种文化中把握某一宗教现象,然后去解密"信息"(因为每种宗教现象都构成一个"秘密")是不够的;还需要研究并且理解其"历史",也就是说,厘清其变迁和转型,从而最终揭示其对整个文化的贡献。在过去几年里，有一些学者觉得需要超越宗教现象学或者宗教史这样一种非此即彼的状况[7]，而达到一种更为广泛的视野，在这个视野里面可以一起开展这两种学术工作。这种将诸宗教之科学综合起来的构想，目前学者们正在努力以之引导自己的研究。确实，这两种研究方法在某种程度上对应着不同的哲学气质。在试图理解宗教之本质和结构的学者与只关注宗教现象之历史的学者之间的张力有一天会完全消失，这样的设想是非常天真的。但是这种张力是有创造性的。正是由于这种张力，诸宗教之科学才能避免教条化和停滞不前。

这两种学术活动的结果对于获得有关宗教人的合适的知识是同等重要的。因为，如果说"现象学家"的兴趣在于宗教材料的意义，那么在"史学家"这里则试图表明，这些意义是如何在不同的文化和历史时刻被经验到并活下来的，它们又是如何在历史的过程中转型、丰富和凋零的。但是，假如我们要避免堕入一种过时的"化约论"，就应当认识到，这种宗教意义的历史必然构成人类精神的历史的一部分。[8]

与其他任何人文主义学科（例如心理学、人类学、社会学等等）相比，宗教更能够开启一条通往哲学人类学的道路。因为神圣是一种普遍的维度，正如我们以后将要看到的那样（第84页），文化的起源植根于宗教的经验和信仰。进而言之，诸如社会机构、技术、道德观念、艺术等的文化创造，倘若对于它们最初的宗教基质——它们曾批评、修正或者拒绝这个基质而使自己变成现在这个样子：变成了世俗的文化价值——一无所知，甚至在极度世俗化之后，我们也不能正确地理解它们。因此，宗教史学家就处在这样一个位置上：他要把握所谓人类的"生活在这个世界"之特定生存处境的永恒性,因为关于神圣的经验便是和这个世界相互关联的。事实上,人类意识到他自己的生存状况并认为他存在于这个世界都构成了一种"宗教"经验。

10   最后,宗教史学家的解释学努力,迫使他"重新经历"一种多样化的生存处境,并解释一系列前系统化的本体论。例如,一个宗教史学家倘若没有理解澳大利亚人在这个世界的生活模式,就不能说他理解了澳大利亚人的宗教。而且我们在以后将会看到,甚至在那个文化阶段,我们也会发现生活模式多元性的概念,以及关于人类状况之独特乃由太初的"神圣历史"所致(参见下文第98页)的意识。

如果研究者不能理解每种宗教都有一个"核心",换言之,一个透露全部神话、意识和信仰的核心概念,那么,这些观点就不能得到充分的认识。这在犹太教、基督教和伊斯兰教那里是显而易见的,虽然于时间中的改变在某种程度上掩盖了"最初的形式"。例如,不管相比"最早的基督教",某些当代神学和教会的表述看上去有多么复杂和精致,耶稣作为基督的核心角色是一望而知的。但是一个宗教的"核心"并不总是如此明显。有些研究者甚至不认为存在这样的"核心";相反,他们试图依照某种时髦理论来阐述某种社会类型的宗教价值。在几乎四分之三个世纪里,"原始民族"的宗教被理解为一些个案,用以说明当时的若干理论:万物有灵论、祖先崇拜、玛纳、图腾崇拜等等。例如澳大利亚被认为几乎完全是图腾崇拜的疆域,由于假设了澳大利亚人的远古性,图腾崇拜甚至被抬举为最古老的宗教生活。

不管如何看待归在"图腾崇拜"名下的各种宗教观念和信仰,而今有一件事情似乎是显而易见的,那就是,图腾崇拜并不构成澳大利亚人宗教生活的核心。相反,只有寻找到澳大利亚人的宗教生活的核心之所在,图腾崇拜的表述以及其他宗教观念和信仰方能获得充分的意义并且形成一个范型:澳大利亚人不知疲倦地声称的这个核心便是"梦幻时代"的概念,那是一个奇妙的太初时代——世界形成了,人类成了现在这个样子。我们已经在别处充分讨论过这个问题,在这里也就无须赘言了。[9]

这只是许多例证中的一个,也许还不是最有说服力的一个,因为澳大利亚宗教并没有出现研究印度、埃及或者希腊宗教的学者所遭遇到的复杂和多样的形式。但是很容易理解,未能找到一个宗教的真正核心也许就解释了宗教史学家对于哲学人类学的贡献是微不足道的。我们将在下文看到(第四章),这样一种缺憾反映了一个更加深刻而复杂的危机。但是另一方面,有迹象表明这个危机正在得到缓解。在本书接下来的三章里,我们将考察这门学科某些方面的危机以及随后的更新。

注 释

[1] 既然宗教学(*Religionswissenschaft*)一词很难翻译成英语,我们不得不在最宽泛的意义上使用"宗教史"(history of religions)一词,它不仅包括通常所言的对宗教的历史研究,而且还包括比较宗教学、宗教形态学和现象学。

[2] 鲁道夫·奥托将此神圣描述为 *ganz andere*。不过,这种在非宗教层面发生的,由深层心理学和现代艺术实验而产生"全然的他者"

的相遇可以被认为是类宗教经验。

[3]　例如,还必须考察一部作品在公众意识甚至是"无意识"中如何变迁的。一部文学作品的流传、吸收和评价所提出的问题,是不能通过任何一门学科本身解决的。正是社会学家,还有历史学家、道德学家以及心理分析学家能够帮助我们理解《少年维特的烦恼》何以大获成功,而《众生之道》何以一败涂地,理解像《尤利西斯》这般艰涩的作品如何在二十年内变得如此流行,而《渐入老境》和《芝诺的意识》却至今仍然不为人知,等等。[《渐入老境》和《芝诺的意识》为两部小说,意大利作家伊塔洛·斯韦沃(Italo Svevo, 1861—1928)所著。——译者注]

[4]　我们甚至不禁认为,各种"化约论"是否归根到底表现了西方学者的优越性的情结。他们无疑相信只有科学——一种西方独有的创造——将抗拒这种非神话化的精神和文化过程。

[5]　*Traité d'histoire des religions*, Paris, 1949, p.ii[English translation: *Patterns in Comparative Religion*(New York, 1958), p.xi].(中文译本,《神圣的存在:比较宗教的范型》,广西师范大学出版社 2008 年版,第 1 页。——译者注)

[6]　在我以前发表的一些作品中提出了某些初步的建议。尤其可以参见 *Patterns in Comparative Religion*, pp.1—33; *Images et Symboles*(Paris, 1951), pp.33—52, 211—35[English translation: *Images and Symbols*(New York, 1961), pp.27—41, 16—78]; *Mythes, rêves et mystères*(Paris, 1957), pp.7—15, 133—164[English translation: *Myths, Dreams and Mysteries*(New York, 1961), pp.13—20, 99—122]; "Methodological Remarks on the Study of Religious Symbolism," in *The History of Religions*: *Essays in Methodology*, ed. M.Eliade and Joseph M.Kitagawa(Chicago, 1959), pp.86—107。

［7］ 这些术语在这里是在最广泛的意义上使用的,包括那些在"现象学"的名义下从事研究结构和意义的学者,以及在"历史学"名义下寻求在其历史背景中理解宗教现象的学者。实际上,这两种研究方法之间存在的歧异是比较明显的。此外,为了简便起见我们称之为"现象学家"和"历史学家",但二者之间还是存在相当大差别的——有时还是很容易感受得到的。

［8］ 在其近著中,著名宗教史学家拉菲埃勒·佩塔佐尼(Raffaela Pettazzoni)得出了相同结论。"现象学和历史学互为补充。没有人种学、文字学和其他历史学科,现象学便什么也做不了。另一方面,现象学赋予诸历史学科以它们所不能把握的宗教的意义。如此考虑,则宗教现象学就是对历史进行宗教的理解;它是在宗教之维度上的历史。宗教的现象学和历史学并不是两门学科,而宗教科学本身因其独特而自恰的主体而具有非常明确的特征。" "The Supreme Being: Phenomenological Structure and Historical Development," in *History of Religion*, ed. Eliade and Kitagawa, p.66。

［9］ "Australian Religion: An Introduction," *History of Religions*, 6 (1966):108—134, 208—237.

第二章　1912 年以来的宗教史回顾 *

1912 年,在科学的宗教研究历史上是一个重要日子。埃米尔·杜尔克姆(Emile Durkheim)出版了他的《宗教生活的基本方式》,而威廉·施密特(Wilhelm Schmidt)完成了他里程碑式的著作《上帝观念的起源》第 1 卷,全书要到四十年后方才宣告完成,第 11 卷和第 12 卷分别在 1954 年和 1955 年问世。在 1912 年,拉菲埃勒·佩塔佐尼(Rafaele Pettazzoni)写出了他的首部重要专著《撒丁岛的原始宗教》,荣格(C.G. Jung)出版了他的《力比多的变化与象征》。而弗洛伊德正在阅读他的《图腾与禁忌》校样,此书将在来年出版。

这些著作采用了宗教研究的四种不同但并非全新的研究路径:社会学、民族学、心理学以及历史学的研究路径。唯一

---

　* 1962 年,应《圣经与宗教杂志》(*The Journal of Bible and Religion*)的编辑之邀,我撰写了一篇 7 000 字以内的文章,评述过去五十年的宗教史。由于其他作者受托讨论《旧约》和《新约》研究进展,我没有将这些研究领域纳入我的论文。在准备本书时,我修订并完善了全部文字,尽管《圣经》研究的某些思潮还是和其他领域的宗教史研究有着直接的关联,但还是遵循原先的计划。

　原文以《宗教史回顾:1912—1962》发表于 *The Journal of Bible and Religion*,31 (1963):98—107。(版权所有@1963 年美国宗教学会,经许可。)

颇具潜力的新的研究路径即宗教现象学,要到十年之后才有人问津。但是弗洛伊德、荣格、杜尔克姆以及威廉·施密特确实运用了新的方法,声称获得了比其前辈更为不朽的成果。非同寻常的是,除佩塔佐尼外,这些人都不是宗教史学家。尽管如此,他们的理论在以后十年的文化生活中将要扮演极其重要的角色。虽然鲜有宗教史学家完全仰赖他们的研究,但弗洛伊德、荣格、杜尔克姆和施密特,尤其是前两位,对于过去几代人的时代精神作出了极大贡献,他们对宗教的解释在非专业人士中间至今还享有相当大的敬意。

　　在阐述他们的理论假说时,所有这些作者,或者积极地或者消极地,都反对他们当时的前辈。大约在 1910 年至 1912 年间,德国的星体神话学派和泛巴比伦学派日渐式微。在相当多的研究成果中[1],只有埃伦莱希(P.Ehrenreich)的《普通神话学及其民族学的基础》(1910 年),以及耶利米(A.Jeremias)的《古代东方神灵文化》(1913 年;第 2 版,1929 年)对以后的学者还有某些益处。对 1900—1912 年间德国宗教史的最重要贡献,直接或者间接地依靠泰勒(E.B.Taylor)的万物有灵论的学说。[2]但是,和前三十年有所不同的是,这个学说再也没有获得普遍的接受。1900 年,马雷特(R.R.Marrett)发表其《前万物有灵论的宗教》,这篇文章注定要成为名篇,他在文章中试图证明,宗教的最初阶段并不是一种普遍的灵魂信仰,而是一种由同非人格的权能[玛纳(Mana)]相遇引发的敬畏和好奇。[3]许多学者接受并且阐述了这个理论。玛纳[或者奥伦达(orenda)、瓦康(wakan)等]已经被用滥掉了,虽然受到出色的民族学家的批评[4],在许多科学家的圈子里面还是相信它代表最早阶段的宗教。

　　另外一个非常流行的前万物有灵论的假说是由弗雷泽(J.G.Frazer)在其名著《金枝》(第 2 版,1900 年)中提出来的。这位知识渊博的人类学家断定,在人类历史上巫术早于宗教。在同一部作品里,弗雷泽采纳了曼哈德(W.Mannhardt)的谷物精灵的概念,并且发展了一种内容极为丰富的植物神死亡和复活的形态学。虽然有着主要由于无视文化的分层亦即无视历史而造成的种种缺陷[5],弗雷泽的《金枝》仍变成了一部在许多学术领域产生巨大影响的经典之作。同样重要的还有他的《图腾崇拜与外婚》(4 卷本,1910 年)[6],虽然不太流行,没有它就很难想象弗洛伊德会撰写《图腾与禁忌》。

　　杜尔克姆、弗洛伊德和荣格采纳并重新论述了前万物有灵论的假说(即玛纳和巫术先于宗教),坚持强调图腾崇拜的重要性,在前两位作者看来,它们意味着宗教生活的最初表现。唯一拒斥所有当时这些颇受欢迎的理论——泰勒的万物有灵论以及前万物有灵论、图腾崇拜以及植物神——的只有施密特,他拒绝从这两种宗教形式中考察宗教的起源或最原始的宗教经验。正如我们将在下文看到的,施密特认为宗教生活的最古老形式便是对至上神的信仰。他相信能够在一个新学科的帮助下从历史上证明这个问题,这个学科就是:历史人类学。

社会学研究取径

　　在杜尔克姆看来,宗教是社会经验的一种投射。在研究澳大利亚人的时候，他注意到图腾同时象征着神圣和氏族。他得出结论说，神圣（或"神"）以及社会组织是同一个事物。杜尔克姆对宗教的本质和起源的解释遭到了某些著名的民族学家的激烈批评。例如，戈登怀泽（A.A.Goldenweiser）就指出最简单的部落并没有氏族和图腾。那么，那些没有图腾文化的民族的宗教从何而来呢？此外，从澳大利亚人的仪式氛围所代表的集体热情中，杜尔克姆觉察出宗教情感。但是戈登怀泽评论道，如果集会本身产生宗教情感，为什么北美印第安人的世俗舞蹈没有转变成为宗教活动呢？[7] 威廉·施密特批评这一事实——杜尔克姆将自己的信息局限在中澳大利亚人，尤其是阿龙塔人（Arunta）那里，无视东南澳大利亚人，而后者构成了最古老的群体而没有图腾崇拜。[8] 罗伯特·罗维也提出了同样严肃的反对观点。[9]

虽然有这些批评，《宗教生活的基本方式》在法国仍获得相当大的尊重。这尤其是因为这样一个事实，杜尔克姆是法国社会学派和《社会学年鉴》的主编。虽然杜尔克姆将宗教等同于社会，确切地说，《宗教生活的基本方式》并不能代表其对宗教社会学的贡献。尽管如此，杜尔克姆的一些最优秀的同事和学生在这个领域发表了重要的著作。应当特别提到的是葛兰言（Marcel Granet）对中国古代宗教的解释[10] 以及谢尔奈对希腊宗教体制[11] 的研究。

至于列维-布留尔（Lévy-Bruhl），他在法国社会学派中的地位比较特殊。[12] 他在职业和训练上是一位哲学家，却因提出"原始思维"的概念而名声大噪。他声称"原始人"沉浸于一种和周围世界的神秘互渗（participation mystique），因此不能正确地思维。列维-布留尔相信,对于这种类型的前逻辑思维的理解有助于现代学者把握符号和神话的意义和功能,从而最终把握原始民族和古代民族的宗教。原始思维的假说获得极大成功。虽然从未获得民族学家的认可[13],但在心理学家和哲学家中间引起了热烈讨论。C.G.荣格认为,他在神秘互渗中找到了集体无意识的存在的证明。但是列维-布留尔是一位极其诚实的学者。他在晚年的时候重新反思他的假说,最终拒绝了它。他还没有机会发表关于这个问题的新观点就去世了。[他的遗作《札记》经里恩哈特(M.Leenhardt)之手于1948年出版。]虽然基于一个错谬百出的假说,但列维-布留尔的早期著作并非一无是处,它们有助于激发我们关于古代社会的精神创造的兴趣。

虽然不甚引人注目,但影响却更加深刻而广泛的是马塞尔·莫斯(Marcel Mauss),一位在他那个时代最博学、最温文尔雅的学者。他论述献祭、巫术和作为交换形式的礼物的文章值得引起我们的注意。[14]不幸的是,他并没有完成他的巨著,即被当作完整的社会事实加以考察的民族学。莫斯的学说和榜样影响了大量法国宗教史学家。我们只需引用乔治·杜米兹和莫里斯·里恩哈特即可。后者所著《杜卡莫》(*Do Kamo*)代表着对于原始民族的神话和仪式的最鲜活、最具启发性的贡献。[15]

同样重要的还有法国的非洲学家,尤其是 M.格里奥勒(Griaulle)及其弟子。[16]在其令人着迷的著作《水神》中,格里奥勒描述了多贡人(Dogon)神秘的神话传统。该书对于重估"原始民族"的宗教产生了极大影响:它揭示出原始人具有惊人的系统思考能力,而不是"原逻辑思维"论所想象的那样一种幼稚思维;它还揭示出我们关于"原始人"真实的宗教思维的信息实际上是不充分的。因为格里奥勒曾多次在多贡人中间居住,然后多亏了一系列机遇,才得以了解那神秘的教义。因此,人们可以猜想,大多数关于"原始宗教"的作品几乎都只是描述和解释了外在的、最无趣的方面。

其他法国民族学家和社会学家对无文字社会的宗教生活的理解也作出了重大贡献。我们可以引用阿尔弗雷德·梅特罗(Alfred Métraux)关于南美和海地宗教的研究,巴兰第耶(G.Balandier)关于非洲的社会学专著,特别是克洛德·列维-斯特劳斯(Claude Lévi-Strauss)关于图腾崇拜、神话结构及"野蛮人的心智"活动的著作,它们获得了日益增加的美誉。事实上,列维-斯特劳斯是唯一一位重新唤起了五十年前列维-布留尔在有教养的公众中间唤起的对"原始民族"之兴趣的人。[17]

堪与杜尔克姆的影响相提并论,但起初仅限于德国,到第二次世界大战[18]之后才波及美国、南美和意大利的真正意义上的宗教社会学,当以马克斯·韦伯和恩斯特·特勒尔奇(Ernst Troeltsch)等最为典型。在法国,在此确切意义上的宗教社会学来得较晚。但是自从第二次世界大战以来,这门新学科就迅速发展了。人们只需要提到出版《宗教社会学档案》杂志的加布里埃尔·勒·布拉斯(Gabriel le Bras)和一批年轻的学者即可。在美国,塔尔科特·帕森斯(Talcott Parsons)[19]、密尔顿·英格(J.Milton Yinger)[20],以及约雅敬·瓦赫(Joachim Wach)作出了重大贡献。1931年瓦赫发表了《宗教

18

学导论》,十三年后又发表了他的巨著《宗教社会学》。[21]瓦赫在方法论上的立场与我们话题特别有关系。他主要是一位宗教史学家,或者更确切地说是宗教学(*Religionswissenschaft*)家,在他看来,宗教社会学是宗教学的四大分支之一(此外还有宗教史、宗教现象学及宗教心理学)。瓦赫的一生都为解释学的难题而竭尽全力,他的三卷本的《理解》(1926—1933 年)仍然是这个主题的标准著作。瓦赫感到有必要对于宗教生活和宗教表达的社会背景的社会学条件作出认真的思考。尽管如此,他拒绝接受认为宗教生活是一种社会结构的附带现象这种极端观点。他努力唤起宗教社会学家对宗教学的兴趣,却很少获得成功。尤其是在英语世界,这些人大多倾向于认为社会学研究方法及其工具足以澄清宗教的结构和事件。在某种程度上,这种态度是可以理解的,因为知识的每一个分支都试图尽其可能地涵盖更大范围。此外,在过去五十年里,社会科学的极大发展鼓励宗教社会学家采取一种自满自足的立场。宗教社会学似乎多少比其他宗教学的分支更加"科学"、更加"有用"一些,至少在西方文化的语境中是这样。

即便如此,宗教社会学对于一般宗教科学作出了并将继续作出重大贡献。社会学材料帮助学者理解他的文献的活生生的背景,而且保护他免于受到对于宗教作抽象理解的诱惑。实际上,不存在什么"纯粹"的宗教事实。这样一个事实总是历史的、社会的、文化及心理的事实,只要举出这些重要的背景就可以了。如果宗教史学家并不总是坚持这种意义的多样性,这主要是因为他应该全神贯注其文献的宗教意义。只有当宗教生活的一个方面被当成主要的并且是有意义的,而其他方面的功能被当成次要的甚至是虚幻的时候，才会产生混乱。这样一种化约论正是杜尔克姆和其他宗教社会学家所运用的方法。而弗洛伊德在其《图腾和禁忌》中则创造了一种更加激烈的化约论。

深层心理学和宗教史

在弗洛伊德看来，宗教及总体上的人类社会和文化都是从一个太初的谋杀者开始的。弗洛伊德接受阿特金森（Atkinson）的观点，认为最早的社团是由"一个成年男性和一些成年女性，以及一些未成年人（组成的），后者当中的男性长大到足以引起该团体首领嫉妒的时候就会被赶走"[22]。遭到驱逐的儿子最终杀死他们的父亲，吃掉他，并且霸占那些女性。弗洛伊德写道："在食人的野蛮民族里，吃掉他们的牺牲品是天经地义的……图腾宴也许可说是人类最早的庆典仪式，它正是一种重复及庆祝上述值得纪念和残酷事件的行为——这便是社会组织、道德禁制和宗教等诸多事件的起源。"[23] 正如威廉·施密特所指出的，弗洛伊德"主张上帝无非就是人类崇高的、有形的**父亲**；因此，在图腾的献祭中，正是上帝本身被杀死，并被献祭。这种弑父之举实为古代人类的原罪。这种血债是要由耶稣流血之死来偿还的"[24]。

弗洛伊德对宗教的解释遭到民族学家的反复批判和彻底拒斥，从里维斯（W.H.Rivers）和博厄斯（F.Boas）到科洛贝尔（A.L.Kroeber），马林诺夫斯基以及威廉·施密特，无一例外[25]。在概述了民族学家对《图腾与禁忌》言过其实的重构的

20

最重要的反对意见后,施密特说道,(1)在宗教的初始阶段并未发现图腾崇拜;(2)它并不是普遍存在的,不是所有民族都经历过图腾崇拜;(3)弗雷泽已经证明,在数百个图腾崇拜部落中,只有四个部落存在一种类似杀死并且吃掉"图腾—神"的仪式(而弗洛伊德假定这种是图腾崇拜的固有特征),此外,这个仪式和献祭的起源毫无关系,因为在各种最古老的文化里面根本没有出现图腾崇拜;(4)"前图腾崇拜民族对食人文化一无所知,无论从在心理上还是社会上,弑父行为在他们中间都是完全不可能的";(5)"我们希望通过民族学了解的前图腾崇拜的家庭形式,也是最古老的人类家庭的形式,既非普遍杂交也非群婚,根据主流的民族学家的证明,这两种婚姻形式甚至根本不曾存在过"。[26]

21 　　弗洛伊德并没有考虑这些反对意见,但是总有心理分析学家不时反驳科洛贝尔和马林诺夫斯基,而有着人类学训练的心理分析学家[如戈萨·罗海姆(Geza Róheim)]还提出了一系列民族学的论证。[27]我们无需卷入这种讨论。为了恰当地评价弗洛伊德对宗教理解的贡献,必须将他的主要发现,亦即无意识和心理分析法的发现,同他关于宗教生活的起源和结构的理论观点区分开来。除了心理分析学家和某些狂热而浅薄的涉猎者之外,《图腾与禁忌》提出的理论并不为科学界所认可。但是弗洛伊德发现的无意识却促进了符号与神话的研究,对于激发现代对于古代和东方宗教与神话的兴趣,作出了一定的贡献(参见下文第62页)。宗教史学家尤其要感谢弗洛伊德,他证明了想象和符号可以传达"信息",即使意识并没有觉察到这个事实。历史学家现在可以自由地对一个符号进行解释学，而不一定要问自己在某个社会里及在一定的历史阶段，究竟有多少人能够理解那个符号的全部意义和含义。

弗洛伊德的化约论对于当时的宗教学者构成了另外一个具有刺激性的挑战。它迫使宗教学者潜入心理的深处，并且思考宗教现象的心理—逻辑前提和语境。甚至可以说弗洛伊德的化约论迫使宗教史学家较为明确地区分所谓"精神胚胎学"和"精神形态学"。弗洛伊德发现的无意识对于现代世界产生了巨大的影响，以至于在有些时候某些狂热的信徒认为，仅仅用胚胎学的术语就足以思考精神价值和文化形式。但是，胚胎状态显然并不能说明成年人；胚胎只有在它和成年人发生关系并且和成年人进行比较的时候才能获得意义。胎儿不能说明人类，因为正是在他不再以胎儿形式存在的时候，人才在世界上以其特殊的存在状态出现。[28]

荣格的《力比多的变化与符号》宣布他与弗洛伊德的决裂。在深层心理中存在的超人格的、普遍的力量，令荣格甚为惊讶，而弗洛伊德对此则无动于衷。正是在毫无关联的民族和文明中，神话、符号及神话人物之间惊人的相似，迫使荣格推论出集体无意识的存在。他注意到，这种集体无意识的内容本身是通过所谓的"原型"而显现出来的。荣格提出了许多"原型"的定义，最后将其定义为人类的本性一部分的"行为模式"或者倾向。在他看来，最重要的原型就是**自我**（Self），亦即人的整体性。荣格相信，在每一个文明中，人类通过他所称的个体化过程，而努力朝向**自我**的实现。在西方文明中，**自我**的符号就是基督，而**自我**的实现就是"赎罪"。与弗洛伊德贬低宗教有所不同，荣格深信宗教经验有意义、有目标，因而切不

22

可用化约论将其"解释掉"[29]。他坚持认为，宗教人物在无意识中的游移（人们将会想到鲁道夫·奥托在描述神秘现象时也同样强调了这种游移）。此外，荣格详细研究了古代的和东方的宗教，他的学术贡献刺激了宗教史学家的诸多研究。[30]

23

鲁道夫·奥托

鲁道夫·奥托的名著《论"神圣"》（1917 年）虽非出自心理学家之手，仍可在此背景下提及。奥托以心理学细致入微的笔触描述了不同模态的神秘经验。他的术语——令人畏惧的神秘（*mysterium tremendum*）、威严（*majestas*）、令人着迷的神秘（*mysterium fascinans*）等等，已经变成了我们的语言。在《论"神圣"》中，奥托近乎绝对地强调宗教经验的非理性特征。由于该书甚为流行，因而有一种倾向，即将其视为一个"情感论者"——亦即施莱尔马赫的直接继承者。但是奥托的著作更为复杂，最好将其视为运用宗教史及神秘主义史的第一手资料从事研究的宗教哲学家。

他对西方尤其是德国的有教养民众的影响，与对宗教史学家和神学家的影响相比更为持久。他并未涉及第二次世界大战以来引起广泛兴趣的神话和神秘思维的问题。也许正是这个原因，他对不同"诸宗教**世界**（Universes）"的其他值得称道的分析似乎是不完全的。但是奥托的重要性还有其他一些原因：他解释了宗教史学家在怎样的意义上能够在现代西方文化的更新上发挥作用。他比较了德·维特（De Wette）的神学及亚历山大的克雷芒和奥利金在调和异教哲学和基督教启示的努力之间所充当的理性的和非理性的"中介"角色。很有可能,奥托默默地宣布自己就是扮演着这样一个角色,也就是在普遍启示(*revelatio generalise*)和特殊启示(*revelatio specialis*)之间、在印度—雅利安人和闪米特人的宗教思想之间、在东方式的和西方式的神秘主义之间的一个中介。[31]

从《上帝观念的起源》到社会人类学

到 1955 年,威廉·施密特死后一年,所著《上帝观念的起源》终告完成时,该书已达 11 000 页!很少有宗教史学家能够全部读完这部卷帙浩繁的论著。虽有言过其实(主要是在第 1 卷)和护教论的倾向,《上帝观念的起源》仍不失为一部巨著。不管如何看待施密特关于宗教的起源和成长的理论,人们必须称道他学识广泛,笔耕不辍。威廉·施密特当然是 20 世纪最伟大的语言学家和民族学家之一。

安德鲁·朗(Andrew Lang)在最古老的原始民族中发现的"高位神",以及这位优秀的苏格兰学者方法论上的前后不一致,给施密特的印象极其深刻。施密特认识到,像上帝观念的起源这样的重大问题,如果不能运用一种可靠的历史方法,以便使人能够区分并且澄清所谓原始文化的历史分层,是不能作出回答的。施密特尤其反对像泰勒、弗雷泽、杜尔克姆及大多数人类学家的反历史的研究路径。他最早认识到格拉布纳(Graebner)的历史民族学尤其是文化圈的概念的重要性。历史分层使他能够将古代的甚至是"太初"的传统与以后的发展和影响区分开来。以澳大利亚为例,施密特试图证明高位

24

神的信仰可以在最古老的层面上得到证实,而图腾崇拜则为
文化上较年轻的部落的特征。在历史民族学看来,澳大利亚
东南诸部落、俾格米人、某些北亚和北美的部落,以及火地岛
人,都可以视为那些最古老民族的现存的遗民。施密特认为,
从这些现存的化石出发,就能重构太初的宗教。在他看来,原
始宗教(Urreligion)就是由一种对于一个永恒的、创造者、全
能的以及仁慈的,据说生活在天空中的高位神的信仰所构成
的。他得出结论说,一开始各地都存在着一种原始一神教,但
是到后来人类社会的发展退化了,许多情况下几乎忘却了这
种最初的信仰。

　　罗维(Robert H.Lowie)、保罗·拉定(Paul Radin)和其他
民族学家承认在大多数最古老的民族中至上神的存在[32]。施
密特的重构中所不能被接受的是他独一无二的理性主义的研
究方法。他主张,原始人通过对原因进行逻辑的研究而发现
了上帝的观念。他无视这样一个显而易见的事实,宗教是一
个非常复杂的现象——亦即,首先是一种自成一体(sui
generis)的经验,是通过人与神圣相遇而激发起来的。施密特
倾向于认为,所有非理性的因素都代表着那真正的、太初的宗
教的"退化"。而实际情况是,我们并不拥有任何研究这个"太
初的宗教"的工具。我们最古老的文献是相对比较新的。它
们不能把我们带到比旧石器时代更早的年代;我们不知道石
器时代以前千百万年间人们的所思所想。对于高位神的信仰
看来确实是最古老文化的特征,但是我们也发现还有其他一
些宗教因素。就我们能够重构最古老的过去而言,假设宗教
生活从一开始就是非常复杂的,"高尚的"观念和"低级的"崇

拜与信仰形式共存，可能更加可靠一些。

威廉·施密特的概念得到他的同事和学生的纠正[33]。对于远古宗教的知识作出重大贡献的有保罗·谢贝斯塔（Paul Schebesta）、古辛德（M.Gusinde）和凡诺瓦贝格（M.Vanover-bergh）[34]。在年轻一代的维也纳学派中，必须提到约瑟夫·海克尔（Joseph Haeckel）、克里斯托弗·冯·富勒-海门多夫（Chr. V. Fürer-Haimendorf）、亚历山大·斯拉维克（Alex. Slawik）和卡尔·杰特马（Karl Jettmar）等[35]。

其他各种研究取向的民族学家也曾经试图建构宗教的起源和成长。普瑞乌斯（K.Th.Preuss）推论出一个前万物有灵论阶段，从中产生了巫术和高位神观念[36]。索恩瓦尔德（R. Thurnwald）认为，在食物采集阶段普遍存在一种动物的神圣性的信仰［"动物信仰"（theriomism）］；而图腾崇拜则对应于狩猎文化；神性的人格化（通过万物有灵论、鬼神崇拜等）是早期农耕文化的特征；高位神的信仰则是游牧民族所特有[37]。杨森（Ad.E.Jensen）将各狩猎文化中天上的造物之神和动物之主的概念联系起来，将底玛（*dema*）型的神灵及其戏剧性的神话的出现同早期农耕文化联系起来。底玛转型为多神教的神灵据说发生在更加高级的文化中间。我们还需要补充的是，杨森著作最可宝贵之处在于对早期耕种者的神话世界作了颇具启发性的分析[38]。

还有德国和澳大利亚人类学家论述各种古代民族宗教生活的重要著作，但是他们并没有涉及原始宗教的起源和成长的争论。我们可以提及弗罗奔尼乌斯（L.Frobenius）和鲍曼（H.Baumann）的关于非洲宗教和神话学的著作，W.E.穆尔曼

(Mühlmann)关于波利尼西亚阿洛伊(Aroi)人的专著,以及维尔纳·缪勒(Werner Müller)关于各种北美土著宗教充满智慧的著作。弗雷德里希(A.Friedrich)特别值得一提;他醉心于早期狩猎者宗教的先锋研究,开创了新的研究路径。[39]

27 　　在英语国家中对宗教感兴趣的人类学家中,我们必须首先提到罗伯特·H.罗维和保罗·拉定,他们都出版过一部关于原始宗教的论著。[40]罗维的著作也许是该领域中现有最佳的著作。他的著作毫无教条主义,讨论了古代宗教的各个方面,深入思考了心理和社会的背景及各历史层面。拉定的著作更加具有个人的、几乎充满论战的精神。他坚持社会—经济因素的作用,也强调他所称的在萨满和宗教思想家的神经质的—癫痫的因素。从 F.波阿斯令人吃惊的书目中,我们也许可以提到他的一部论述夸库特尔人(Kwakiutl)的宗教和神话的专著。科洛贝尔(A.L.Kroeber)、斯佩克(F.G.Speck)、劳埃伯(E.M.Loeb)以及其他美国人类学家提供了许多关于各种不同部落宗教生活的详尽的研究,但无一是从比较的和宗教史的观点写作的。在这里,瑞德菲尔德(R.Redfield)、克鲁克洪(C.Kluckohn)的作品和鲁思·本尼迪克特(Ruth Benidict)的《文化范型》是例外。[41]

　　在弗雷泽死后的英格兰,没有一位人类学家试图涵盖所有原始宗教的领域。马林诺夫斯基集中研究特罗布里恩德人,他用功能主义研究神话和仪式乃是基于他在那个地区所做的观察。拉德克利夫-布朗(A.R.Radcliffe-Brown)在其《禁忌》(弗雷泽讲座,1939 年)中对原始信仰的认识作出了充满智慧的贡献。伊文思-普里查德的专著《阿赞德人的巫术、神谕和巫术》(1937 年)和《努尔人的宗教》(1956 年)，以及雷蒙德·弗斯(Raymond Firth)的《神在提科皮亚(Tikopia)的作品》(1940 年)、米德顿(J.Middleton)的《鲁巴拉人(Lugbara)的宗教》(1960 年)，以及里恩哈特(G. Lienhardt)的《丁卡人(Dinka)的宗教》(1960 年)展现了英国社会人类学家对原始宗教问题的真实取向。泰勒、弗雷泽和马雷特的时代似乎已经终结；人类学再也不被视为一把钥匙，可以解决像宗教的起源和成长这样"伟大而最终的问题"。这也是伊文思-普里查德在《原始宗教的理论》(1965 年)一书中的结论。

佩塔佐尼和普通宗教学
(*allgemeine Religionswissenschaft*)

在本文开始就已经提到了拉斐尔·佩塔佐尼那部关于撒丁岛的原始宗教的专著——该书的价值尚不及涵盖作者此后一系列研究的重要意义。佩塔佐尼是能够严肃思考学科所有维度的少有的宗教史学家之一。事实上，他试图掌握普通宗教学的全部领域。[42] 他认为自己是一个历史学家，这就意味着他的路径和方法不同于宗教的社会学家和心理学家。但是他想成为一个诸宗教(*religions*)的历史学家，而不是在某一个领域里的专家。这里面有一个重要区别。许多优秀的学者与此相似，他们因为广泛接受了历史学的方法和假设而自认为是"宗教史学家"。然而，事实上，他们只是在某一个宗教的专家，有时仅为该宗教的某个阶段或者某个方面的专家。当然，他们的工作是极为有价值的——和普通宗教学的建立实际上

28

是须臾不可分离的。我们只要想到以下这些研究成果就可以了,克恩(O.Kern)以及瓦尔特·奥托(Walter Otto)关于希腊宗教,以及马希农(L.Massignon)和科宾(H.Corbin)关于伊斯兰教的著作;欧登伯格(H.Oldenberg)、齐美尔(H.Zimmer)和冯·格拉森纳普(H.Glasenapp)关于印度宗教的著作;以及保罗·穆斯(Paul Mus)里程碑式的著作《婆罗浮屠》,居塞佩·图齐(Giuseppe Tucci)同样的鸿篇巨制《西藏画卷》和埃尔温·古登诺(Erwin Goodenough)的十二卷本《希腊—罗马时期的犹太教符号》。通过这些著作可以领略到这一类型的历史研究的成果。尽管如此,广泛意义上的宗教史学家不可将自己拘泥于某个领域。正是因其学科结构,它必须至少研究若干其他宗教以便能够将它们加以比较,由此理解宗教的行为、组织以及观念的模态(神话、仪式、祈祷、巫术、入会礼、高位神等)。

所幸的是,有些最伟大的专家在其他领域同时也是颇具竞争力。内森·索德布鲁姆(Nathan Soederblom)和摩尔(G.F.Moore)发表了在其特定的研究领域(伊朗宗教、犹太教)中的重要作品,但是他们也以“通才”著称;希腊宗教史学的老前辈,尼尔森(M.P.Nilsson)也是一位民间故事和原始信仰的学者;伟大的日耳曼学家,扬·德弗利斯(Jan de Vries)也是凯尔特宗教和民间故事及神话学方面的权威;弗朗兹·阿尔泰姆(Franz Altheim)从罗马和希腊化宗教的历史而转入伊朗、突厥和中亚的传统;乔治·杜米兹(Georges Dumérzil)精通所有印欧宗教和神话;奥布赖特(W.F.Albright)是以色列宗教的专家,但是出版过论述古代近东宗教的专著;而加斯特

(Theodor H.Gaster)是民间故事和古代近东的专家。这份名录还可以延续下去。

当然,其他和佩塔佐尼同一代的学者也在追求涵盖整个普通宗教学领域的目标。例如我们可以提到卡尔·克莱蒙(Karl Clemen)、詹姆士(E.O.James)和范德莱乌(G. van de Leeuw)。克莱蒙非常博学而刻苦,但是基本上没有超出哲学解释学范畴,而范德莱乌有时仅满足于一种印象主义的研究方法,可是佩塔佐尼却总是旨在进行一种历史的—宗教的解释;也就是说,他是在一个普遍的观点之内阐述不同研究的结果。他毫不犹豫地处理一些核心的,不过也是范围极广的问题——一神教的起源、天神、秘仪、悔罪、苏鲁支和伊朗宗教、希腊宗教等等。他的学识广泛而又严谨,他的著作清晰、沉稳和智慧。在克罗齐历史决定论无所不在的影响下成长起来的佩塔佐尼,把宗教视为一个纯粹的历史现象。

他正确地坚持认为,每一种宗教创造性都具有历史性。他写道,"希腊宗教并不是从虚无中产生。没有一种不受时间影响的'希腊文化'能在历史时间中展现。在历史的审判席上,每一个现象(phenomenon)都是一种诞生(genomenon)"[43]。对此,佩塔佐尼强调对希腊宗教的历史认识,以便深化我们自己的历史意识的必要性。固然,我们必须同意理解任何一种宗教历史的紧迫性,但是仅仅集中于一种宗教形式的"起源"和发展——"每一个现象都是一种诞生"——也许会将解释学的探索化约为纯粹的编年史工作。这最终意味着,比如希腊宗教的历史会变成希腊学术的无数分支——在某种层面上接近于希腊史、希腊文学、希腊数学、希腊图像学或者希腊考古

30

学。由于在所有研究领域都可能发生相同的情况,所以作为一门自主学科的宗教史本身就会消失。所幸的是,佩塔佐尼充分意识到了这个危险,在其学术生涯结束的时候,他特别强调"现象学"和"历史学"的互补性。此外,就像弗洛伊德或者弗雷泽那样,佩塔佐尼的个人垂范比他的理论更加重要。主要多亏了他,宗教史这门学科在当今意大利,与其他许多欧洲国家相比,更多是从综合性角度去理解的。他的更年轻的同事和门徒至少是部分地保持着一种可以称为"佩塔佐尼传统",亦即对宗教史的核心问题的兴趣,并且努力使这门学科对于现代文化产生实际的意义。[44]随着佩塔佐尼的去世,最后一位"百科全书式的学者",由泰勒和安德鲁·朗创造的,弗雷泽、索德布鲁姆、克莱蒙、莫斯、库马拉斯瓦米和范德莱乌所继承的辉煌的传统也随之而去了。

神话和仪式学派

关于"神话和仪式学派"或者"范型论",引发了一场极为激烈的方法论争论。为胡克(S.H.Hooke)主编的两部著作《神话和仪式》(1933 年)及《迷宫》(1935 年)撰文的英国学者,以及斯堪的纳维亚学者莫温克尔(S.Mowinckel)、恩格内尔(I.Engnell)和威登格伦(G.Widengren)都坚持强调古代近东文化和宗教的共同因素。例如,胡克指出,国王代表着神(god),是崇拜仪式的中心,他本身负责庄稼和城市的富饶。在其六卷本的系列著作《国王和救世主》(1945—1955 年)中,G.威登格伦甚至走得更远:国王甚至应该为整个宇宙的福祉负责。但是瑞典学者的著述并不局限于"范型论"。威登格伦也撰写了一部宗教现象学、一部伊朗宗教史以及许多关于其他方面的宗教生活的专著。[45]

"范型论"遭到来自多方面的批判,尤其是 H.法兰克福(H.Frankfort)的。[46]这位优秀学者主张差异性超过同质性。例如,他注意到这样一个事实,即法老被认为是一个神或者变成为一个神,而在美索不达米亚,国王只是一个神的代表。当然,每当我们不得不处理历史上相互关联的文化时,差异性和相似性总是同等重要的。尽管葡萄牙语不同于法语和罗马尼亚语,但这个事实并不妨碍文字学家考察这三种罗曼语;从起源上看,它们都是从拉丁语这个共同的源头流传下来的。围绕着"神话和仪式学派"的热烈讨论,揭示了某种令人困惑的方法论。这并不是因为某些斯堪的纳维亚作者随意的夸张,也不是他们在文字学上的轻率及歪曲历史。关键是要对古代近东在历史上有关联且结构上有相似性的宗教现象进行比较的合法性。实际上,如果有任何可以正确开展比较研究的领域,这个领域就是古代近东。我们知道,农业、新石器时代的村庄文化以及最后都市文明,乃是发端于一个有辐射力的近东中心。

乔治·杜米兹和印欧宗教

一种相似的方法论上的困窘解释了为何乔治·杜米兹关于印欧宗教制度和神话的出色研究也会遭到抵制。[47]例如有人提出反对意见,认为不可用凯尔特人或者意大利人的社会—宗教概念同伊朗或者《吠陀》的概念进行比较,即使在此情况下我们可以断定,在多元的、不同的各种外来影响之下仍可以辨别出存在一种共同的印欧文化传统。

所幸的是,对杜米兹研究路径的抵制如今在许多国家都已经销声匿迹,这种抵制可能主要出于三大原因:(1)比较印欧神话学这门学科因为麦克斯·缪勒及其弟子们的滥用而声名狼藉;(2)在20世纪最初的二十五年间有一种普遍倾向,就是按照那些被认为是"原始民族"的特征来解释原历史民族(protohistorical peoples)的精神生活,例如,杜米兹所归类的早期印欧民族精心构造的神话,尤其是其中暗含的意识形态体系,对于一种原历史的社会而言似乎太有条理、太"深奥"了;(3)尤其是印欧语言学专家都深信,单靠一个学者不可能掌握印欧研究的所有领域。[48]

所有这些理由都是基于诸多误解:(1)杜米兹并没有运用麦克斯·缪勒的语言学的亦即语源学的方法,而是采用历史学的方法;他就相互关联的社会—宗教现象(也就是说,从同一个民族、语言和文化机体上流传下来的若干民族的风俗、神话和神学)进行了比较,并且最终证明,相似性存在于一个原始的体系而不是一些偶然留下的异质元素。(2)现代研究已经摧毁了进化论的谬误,即认为"原始人"没有理性和"系统"思考的能力;此外,原始印欧文化绝非"原始人",而是通过连续不断地,尽管是间接地接受了来自古代近东更高级的都市文明的影响而充实了自己。(3)认为"不可能"掌握如此之多的语言,乃是一种基于个人经验或统计信息,但最终是有失偏颇的错误推论;唯一令人信服的论证,只是表明杜米兹对于某份梵语、凯尔特语或高加索语文献的解释透露出他对相关语言的知识有所欠缺而已。

1940 年至 1950 年间，在一系列令人印象深刻的作品和专著中，乔治·杜米兹探讨了他所称的印欧社会三元分殊的概念，亦即划分出三个叠加的阶层，与三种功能相对应：统治、军事力量和经济繁荣。每种功能都构成一种社会—经济范畴（国王、武士、食物生产者）的责任，并且直接与某个特殊神灵相关联（例如在古罗马，便分别为朱庇特、马耳斯和基林努斯）。第一种功能划分成两个相互补充的部分或者方面，巫术的统治和司法的统治，在吠陀时代的印度表现为伐楼那和密多罗。这一原始印欧民族的基本意识形态结构在各印欧民族独立的历史进程中得到各自不同的发展和重新解释。例如，杜米兹令人信服地证明，印度的思想以宇宙结构的术语阐述了最初的范式，而罗马人则将神话学的材料加以"历史化"，因此，最古老的亦即最真实的罗马神话可以在提图斯·李维（Titus Livius）《历史》第一卷的"历史"人物和事件中得到解读。

在其若干关于印欧仪式与《吠陀》和拉丁女神的专著，以及刚刚付梓（1966 年）的一部论罗马宗教的大部头著作中，杜米兹完成了他三元分殊的意识形态的研究。[49] 越来越多的专家接受并且方便地利用杜米兹的方法和结论。除了其著述的重要性——现在还只是对于印欧宗教的认识的新的重大贡献——之外，杜米兹的例子对于宗教史这门学科也是极为重要的。它表明，如何用社会学和哲学的洞见来补充对于文本所作的细致的语言学和历史学的分析。它还表明，只有通过解读充当社会和宗教与习俗基础的意识形态体系，某个特定的神话人物、神话或者仪式方能够得到正确的理解。

范德莱乌和宗教现象学

赫拉尔杜斯·范德莱乌目前和宗教现象学的关联颇多。他确实撰写了关于此主题的专著。但是和鲁道夫·奥托的情况一样,他的著作的多样性不允许我们作如此严格的划分。虽然他在年轻的时候曾学习东方语言,以一篇埃及宗教的论文获得博士学位,但是范德莱乌后来发表了两部优秀的关于原始宗教的专著,大量关于其他各种宗教、原始一神教及宗教心理学的文章和专著。除此之外,他还是诗人、音乐家、教会人士及一部重要著作《在艺术中的神圣》的作者。[50]然而,无尽的好奇心及广泛的兴趣最终对范德莱乌的工作无甚助益。他也是一位天才的著作家,写得一手文字清新的美文。他的作品极其易懂,不需要繁琐的注释。在一个枯燥、艰涩和谜语一般的写作于哲学界风靡一时的时代,明白晓畅和艺术家般的出类拔萃,会有混同于流俗、肤浅或者缺乏思想的风险。

35　　在范德莱乌的《宗教现象学》(1933年)一书中[51],人们可以发现他很少提及胡塞尔,而经常提到雅斯贝斯(Jaspers)、狄尔泰(Dilthey)和爱德华·斯普朗格[52]。范德莱乌受到格式塔心理学和结构心理学的极大影响。[53]尽管如此,他仍然是一位现象学家,因为在他的论述中,他重视宗教材料及其特殊的意向性。他指出,宗教表象之不可化约为社会的、心理的或者理性的功能,他拒绝那些寻求通过其他事物而不是宗教本身来解释宗教的博物主义的偏见。在范德莱乌看来,宗教现象学的主要任务就是要说明宗教现象的内在结构。他认为,当然是错误的,他能够将一切宗教现象的整体性化约为三大基本结构:物力论、万物有灵论和自然神论。尽管如此,他对宗教结构的历史并不感兴趣。这是他的研究中最不妥当的地方。因为甚至最高级的宗教表达(例如一次神秘的出神)本身也是通过在一定历史条件下的特殊结构和文化表达而呈现出来的(参见下文第64页)。事实上,范德莱乌从未尝试一种宗教的形态学或者一种发生论的宗教现象学。但是,这个缺陷并未削弱他作品的意义。即使他多才多艺的天分未能使他完成一种新的宗教解释学并使之系统化,他仍然是一位活力四射的先驱。

"现象主义者"和"历史决定论者"

对于宗教现象学日益浓厚的兴趣在宗教学的学者之间产生了一种紧张关系。不同的历史学的和历史决定论的学派强烈反对现象学家的主张,即他们能够把握宗教现象的本质和结构。历史决定论者认为,宗教是一种严格的历史事实,没有任何超越历史的价值,认为寻求"本质"就是寻求重新堕入柏拉图的错误。(当然,历史决定论者是忽视胡塞尔的。)

我们已经提到,在"现象学主义者"和历史学家或"历史决定论者"之间产生这种紧张的不可化约性(第9页)。另一方面,也有迹象表明,许多学者正在探索一种更加宽阔的视野,使这两种研究能够综合起来。在此时此刻,不同方法的研究

和理论假设证明了它们的有效性或者它们的有用,主要是由
于它们推动了解释学的发展。人们也许不会同意阿难陀·库
马拉斯瓦米(Anada Coomaraswamy)本人所深信不疑的观点,
即存在一种永恒哲学(*Philosophia Perennis*)和普遍的、太初的、
"大传统",为所有前现代文化提供材料;但最终关键在于库马
拉斯瓦米对吠陀和佛教的宗教创造作出了出乎意料的解释。
同样,我们也许并不赞同亨利·科宾的"反历史决定论",但是
却不能否认,正是因为这个概念,科宾成功地揭示了此前为西
方学术界所忽视的伊斯兰教神秘主义哲学的维度。

最后,一个人著书立说的贡献是根据其对某个宗教创造
的特殊理解而加以判断的。由于宗教史学家成功地通过解释
学将他的材料转化成为精神信息,因而才能够实现其在当代
文化中所扮演的角色。不幸的是,由于多种原因,情况并非总
是如此,也造成了不同的结果,这将在本书第四章予以讨论。

注 释

[1] 十五年间大约出版超过一百卷的著作和小册子。关于这些学派,
参见 Wilhelm Schmidt, *The Origin and Growth of Religion*:*Facts
and Theories*, trans. H.J.Rose(New York, 1931), pp.91—102。

[2] 可以想到的有 A.Dietrich, Mutter Erde(Leipzig, 1905); L. von
Schroeder, *Mysterium und Mimus im Rig Veds*(Leipzig, 1908); W.
Bousseet, *Das Wesen der Religion dargestellt an ihrer Geschichte*
(Halle, 1903); and W. Wundt, *Mythus und Religion*, 3 vols.
(Leipzig, 1905—1909)。

[3] 载于《民间故事》(*Folklore*,1900 年),第 168—182 页;再版于《宗
教的门槛》(*The Threshold of Religion*,伦敦,1909 年),第 1—32 页。

［4］　参见 P.Radin, "Religion of the North American Indians," *Journal of American Folk-Lore*, 27(1914):335—373, especially pp.344 ff.; Schmidt, *Origin and Growth of Religion*, pp.160—165; M.Eliade, *Patterns in Comparative Religion*, trans. R. Sheed (New York, 1958), pp.19 ff., 35—36。

［5］　对于弗雷泽学说的批评,参见 Robert H.Lowie, *Primitive Religion* (New York, 1924), pp.137—47; Lowie, *The History of Ethnological Theory*(New York, 1937), pp.101—4; Schmidt, *Origin and Growth of Religion*, pp.123—24; Eliade, *Patterns in Comparative Religion*, pp.362—65。加斯特(Theodore H.Gaster)最近概括了弗雷泽的理论受到批评或者修正的要点;参见其《新金枝》(*The New Golden Bough*)的前言(纽约,1959 年),第 xvi—xx。亦可参见埃德蒙·里奇(Edmund Leach)和雅弗利(I.C.Jarvrie)的争论,"Frazer and Malinowski," *Current Anthropology*, 7(1966):560—575。

［6］　弗雷泽在一部小书《图腾崇拜》(*Totemism*,爱丁堡,1887 年)中发表了其最早的研究成果,以后又发表了两篇重要的论文,"*The Origin of Totemism*," *Fortnightly Review*, April-May, 1899,以及"The Beginnings of Religion and Totemism among the Australian Aborigines," in ibid., July-September, 1905。

［7］　A.A.Goldenweiser, "Religion and Society: A Critique of Emile Durkheim's Theory of the Origin and Nature of Religion," *Journal of Philosophy*, *Psychology and Scientific Method*, 14(1917): 113—124; *Early Civilization*(New York, 1922), pp.360 ff.; *History*, *Psychology and Culture*(New York, 1933), p.373.

［8］　Schmidt, *The Origin and Growth of Religion*, pp.115 ff.

［9］　Lowie, *Primitive Religion*, pp.153 ff.; *The History of Ethnological Theory*, pp.197 ff.

[10]　*La Religion des Chinois*(1922)；*Danses et Légendes de la Chine anci-enne*，2 vols.(Pairs，1926)；*La Civilisation chinoise*(1929)；and *La Pensée chinoise*(1934).

[11]　参见 L.Gernet and A.Boulanger，*Le Génie grec dans la Religion*(Par-is，1932)。

[12]　列维-布留尔在其《低级社会中的智力机能》(*Les Fonctions mentales dans les sociétés inférieures*，巴黎，1910 年)和《原始人的心灵》(*La mentalité primitive*，巴黎，1922 年)提出他的"原逻辑思维"的假设。在宗教史学家看来，他之后发表的著作也是相当重要的；尤其可以参见《原始人的灵魂》(*L'âme primitive*，1927 年)、《原始民族中的超自然和自然》(*Le surnaturel et la nature dans la mentalité primi-tive*，1931 年)，以及《原始神话》(*La mythologie primitive*，1935 年)。

[13]　参见 W.Schmit，in *Anthropos*，7(1912):268—269；O.Leroy，*La Raison Primitive*(Paris，1927)，pp.47 ff.；Raoul Allier，*Le non-civilisé et nous*(1927)；R.Thurnwald，in *Deutsche Literaturzeitung*(1928)，pp. 486—494；Goldenweiser，*Early Civilization*，pp. 308—389；以及 Lowie，*The History of Ethnological Theory*，pp.216—221。亦可参见 E.E.Evans-Pritchard，*Theories of primitive Religion*(Oxford，1965)，pp.78—99。

[14]　在他去世后，大多数研究文章在《社会学和人类学》(巴黎，1950 年)一书中重刊，列维-斯特劳斯(Lévi-Strauss)作序。

[15]　Maurice Leenhardt，*Do Kamo. La personne et le mythe dans le monde melanésien*(Paris，1947).

[16]　尤其参见 M.Griaulle，*Dieu d'eau. Entretiens avec Ogotemmeli*(Pairs，1948)；G.Dieterlen，*Essai Sur la religion bambara*(1951)；亦可参见 E.Michael Mendelson，"Some Present Trends of Social Anthropology in France，" *The British Journal of Sociology*，9(1958):251—270。

〔17〕 Alfred Métraux，*Le Vaudouhaïtien*（Paris，1958），and *Religious et magies indiennes d'Amérique du Suol*（1967）；G.Balandier，*Sociologie actuelle de l'Afrique noire*（1955）；Claude Lévi-Strauss，*Totemisme aujourd'hui*（1962），*La Pensée sauvage*（1962），and *Le Cru et le cuit*（1964）.

〔18〕 参见 Gabriel le Bras，*Etudes de Sociologie religieuse*，2 vols.（Paris，1955—1956）；*Archives de Sociologie des Religions*，no. 1（January-June，1956），and no.13（January-June，1962）；亦可参见 *Sociologie des Religions*．*Tendances actuelles de la Recherche et Bibliographies*（Paris，UNESCO，1956）；*Current Sociology*，vol.5，p.1。

〔19〕 Talcott Parsons，"The Theoretical Development of the Sociology of Religion，" *Journal of the History of Ideas*（1944）：176—90；*Essays in Sociological Theory Pure and Applied*（Glencoe，Ill.，1949）.

〔20〕 J.Milton Yinger，"Present Status of the Sociology of Religion，" *Journal of Religion*，31（1951）：194—210；*Religion*，*Society and the Individual*：*An Introduction to the Sociology of Religion*（New York，1957）.

〔21〕 关于约雅敬・瓦赫，亦可参见 Joseph M.Kitagowa，"Joachim Watch et la Sociologie de la Religion，" *Archives de Sociologie des Religions*，no.1（January-June，1956）：25—40；Henri Desroche，"Sociologie et théologie dans la typologie religieuse de Joachim Wach，" ibid.，pp.41—63；北川为瓦赫的遗作《比较宗教研究》（纽约，1958 年）所做的导论（"约雅敬・瓦赫的生平和思想"），第 xiii—xlvii。亦可参见瓦赫在《宗教社会学》（1956 年）第 64—69 页中所给出的书目。

〔22〕 A.L.Kroeber，"Totem and Taboo：An Echnological Psycho-analysis，" *American Anthropologist*，22（1920）：48—55，转引自 W.Schmidt，

Origin and Growth of Religion, p.110。

[23] S.Freud，*Totem und Tabu*，p.110,转引自 Kroeber,"Totem and Taboo",参见 Schmidt, *Origin and Growth of Religion*, p.112。

[24] 施密特:《宗教的起源和成长》,第 112 页。

[25] 参见 W.H.Rivers,"The symbolism of Rebirth,"*Folk-Lore*, 33（1922）:14—23；F.Boas,"The Methods of Echnology",*American Anthropologist*，n.s.12（1920）:311 ff.；B.Malinowski，*Sex，Repression and Savage Society*（London，1927）。

[26] 施密特:《宗教的起源和成长》,第 112—115 页。乌耳哈特（E. Vollhard）也已证明,食人文化是相当后起的现象;参见《食人文化》（*Kannibalismus*）（斯图加特,1939 年）。

[27] 参见 Benjamin Nelson,"Social Science，Utopian Mythos，and the Oedipus Complex,"*Psychoanalysis and the Psychoanalytic Review*，45（1958）:120—126；Meyer Fortes，"Malinowski and Freud,"ibid.，pp.127—45。

[28] M.Eliade，*Myths，Dreams and Mysteries*，trans. Philip Mairet（New York，1960），pp.120 ff.。

[29] 荣格关于宗教的最重要的作品最近已由霍尔（F.C.Hall）译出,以荣格选集第 11 卷出版:《心理学和宗教:东方和西方》（*Psychology and Religion：West and East*），波林根丛书（Bollingen Series,纽约,1958 年）。亦可参见所著《心理学和炼金术》（*Psychology and Alchemy*,纽约,1953 年）;《原型和集体无意识》（*Archetypes and the Colletive Unconscious*，1959 年）;以及《埃昂:自我的象征的历史研究》（*Aion：An Historical Inquiry into the Symbolism of the self*，1959 年）。关于荣格对宗教的论述,参见伊拉·普罗哥夫（Ira Progoff），《荣格的心理学及其社会意义》（*Jung's Psychologie and its Socral Meaing*,纽约,1953 年）;霍斯替（R.Hostie），《分析心理学和

上帝的研究》(*Analytische Psychologie en Goldsdienst*, 乌特勒支-安特卫普, 1955 年)[德译本: *C. G. Jung und die Religion*(Munich, 1957)]; 以及维克多·怀特(Victor White),《灵魂和心灵》(*Soul and Psyche*, 伦敦, 1960 年)。

[30] 人们可以援引亨利希·齐默尔(Heinrich Zimmer)、卡尔·克伦尼(Karl Kerényi)、约瑟夫·坎贝尔(Joseph Campbell), 以及亨利·科宾(Henry Corbin)。亦可参见恩斯特·纽曼(Ernst Neumann),《意识的起源和历史》(*The Origins and History of Consciousness*), R.F.C.Hull 译(纽约, 1957 年); 以及《大母神》(*The Great Mother*), Ralph Manheim 译(纽约, 1955 年)。

[31] 《论"神圣"》获得惊人的极大成功(1923 年英文本名《神圣的观念》)掩盖了他的另外两本重要著作的光芒:《东西方神秘主义》(英译本, 1932 年)及《上帝的国和人子》(英译本, 1938 年)。

[32] 参见 Lowie, *Primitive Religion*, pp.vi, 122 ff.; Paul Radin, *Monotheism Among Primitive People*(New York, 1924); 以及 A.W.Nieuwenhuis, *Der Mensch in de Wekelijheid*, *zijne Kenleer in Godsdienst* (Leiden, 1920)。

[33] 参见 Wilhelm Koppers, *Primitive Man and his World Picture*(New York, 1952) Josef Haekel, "Prof. Wilhelm Schmidts Bedeutung für die Religions-geschichte des vorkolumbischen Amerika," *Saeculum*, 7(1956): 1—39, "Zum Ineutigen Forschungsstand der historischen Ethnologie," in *Die Wiener Schule der Völkerkunde Festschrift*(Vienna, 1956), pp.17—90, and "Zur gegenwärtigen Forschungssituation der Wiener Schule der Ethnologie," in *Beiträge Oesterreichs zur Erforschung der Vergangenheit und Kulturgeschichte der Menschheit*(Vienna, 1959), pp.127—47. See also Rudolf Rahmann's Critical observations on Haekel's appraisal of the

"Wiener Schule" in *Anthropos*, 54(1959):1002—6, and Haekel's rejoinder and Rahmann's reply, ibid., 56(1961):274—76, 277—78. On Schmidt's Urmonotheismus, see the strictures of W. E. Mühlmann, "Das Problem des Urmonotheismus," *Theologische Literaturzeitung*, 78(1953):coll. 705 ff.; and Paul Schebesta's rejoinder in *Anthropos*, 49(1954):689 ff.;亦可参见 R.Pettazzoni, "Das Ende des Urmonotheismus," *Numen*, 5(1958):161—63。

[34] 尤其参见 P.Schebesta, *Die Negrito Asiens*, vol.2, second half:*Religion und Mythologie*(Mödling, 1957); M.Gusinde, *Die Feuerland Indianer*, 2 vols.(Mödling, 1931, 1937)。

[35] 参见海克尔(Haekel)《论历史民族学的现状》(*Zur gegenwärtigen Forschungssituation*)所载重要书目,第 141—145 页。

[36] K.Th.Preuss, "Der Ursprung der Religion und Kunst," *Globus*, 1904, 1905; *Der geistige Kultur der Naturvölker*(Leipzig, 1914); and *Glauben und Mystik im Schatten des Höchsten Wesens*(Leipzig, 1926).

[37] R.Thurnwald, *Der Menschengeistes Erwachen*, *Wachsen und Irren*(Berlin, 1951).

[38] Ad.E.Jensen, *Das Religiose Weltbild einer fruhen Kultur*(Stuttgart, 1948); *Mythus und kult bei Naturvölkern*(Wiesbaden, 1951)[英译本:*Myth and Cult among Primitive Peoples*(Chicago, 1963);参见 *Current Anthropology*, 6(1965):199—214],亦可参见 Kunz Dittmer, *Allgemeine Völkerkunde*(Braunschweig, 1954), pp.73—120; Josef Haekel, in Leonard Adam and Hermann Trimborn, *Lehrbuch der Völkerkunde*(Stuttgart, 1958), pp.40—72。

[39] H.Baumann, *Schöpfung und Urzeit des Menschen im Mythos Africanscher Völker*(Berlin, 1936); W.E.Mühlmann, *Arioi und Mamaia*

（Wiesbaden，1955）；Werner Müller，*Die Religionen der Waldindianer Nordamerikas*（Berlin，1956）；Aodlf Friedrich，"Die Forschung über das frühzeitliche Jägertum"，*Paideuma*，2(1941).

［40］ R.H.Lowie，*Primitive Religion*（New York，1924）；Paul Radin，*Primitive Religion*（New York，1937）.

［41］ 关于美国的宗教史研究，参见 J.M.Kitagawa，"The History of Religions in America，"in *The History of Religions*：*Essays in Methodology*，ed. M.Eliade and J.M.Kitagaua(Chicago，1959)，pp.1—30。亦可参见 Clifford Geertz，"Religion as a Cultural System，"in *Anthropological Approaches to the Study of Religion*，ed. Michael Banton(London，1966)。

［42］ 佩塔佐尼（R.Pettazzoni）的著作书目已经由马里奥·甘迪尼（Mario Gandini)发表于《宗教史研究和资料》（*Studi e Materiali di Storia delle Religioni*），1961 年第 31 卷,第 3—31 页。

［43］ R.Pettazzoni，*La Religion dans la Grèce antique*，*des Origines à Alexandre*(Paris，1953)，pp.18—19.

［44］ 在意大利学者中，参见 Uberto Pestalozza，*Vecchi e nouvi studi*(Milan，1953) and *Nuovi saggi di religione mediterrane*(Firenze，1964)；Momolina Marconi，*Riflessi mediterranei nella oiu antica religione laziale*(Messina-Milan，1939)；Angelo Brelich，*Gli Eroi greci*.*Un problema storico-religioso*（Rome，1958)；E. de Martino，*Morte e pianto rituale nel mondo antico*(Turin，1958)，and *La terra del rimorso*(Milan，1961)；V.Lanternari，*La Grande Festa*（Milan，1951)；Alessandro Bausani，*La Persia religiosa*（Milan，1959）；Ugo Bianchi，*Il Dualismo religioso*(Rome，1958)。

［45］ *Religionens värld*，2d ed.(Stockholm，1953)；*Hochgotteglaube im alten Iran*(Uppsala，1938)；*Die Religionen Irans*(Stuttgart，1965)；etc.

[46] 参见 H.Frankfort, *The Problem of Similarity in Ancient Near Eastern Religions*(Frazer Lecture, 1951);以及 S.H.Hooke, "Myth and Ritual: Past and Present," in *Myth*, *Ritual and Kingship*, ed. S.H. Hooke(Oxford, 1958), pp.1—21; and S.G.F. Brandon, "The Myth and Ritual Position Critically Considered," in ibid., pp.261—91。亦可参见 Theodor H.Gaster, *Thespis: Ritual, Myth and Drama in the Ancient Near East*(New York, 1950)(rev. ed. 1961)。

[47] 最合适的导论性的著作就是杜米兹(Dumézil)所著《印欧人三元分殊的意识形态》(*L'idéologe tripartie des Indo-Européens*,布鲁塞尔,1958 年)(*Collection Latomus*,第 30 卷)。三卷本的《朱庇特、马耳斯、基林努斯》(*Jupiter, Mars, Quirinus*,巴黎,1941 年—1945 年)的新版即将问世。《乔治·杜米兹纪念文集》(*Hommages à Georges Dumézil*,布鲁塞尔,1960 年)收录了杜米兹的创作书目(*Collection Latomus*,第 45 卷),第 xi—xxiii 页。关于杜米兹,参见 M.Eliade, "La souveraineté et la religion indo-européenne," *Critique*, 1949, pp.342—49, and "Pour une histoire générale des religions indo-européennes," *Annales*, 4 (1949): 183—91; Huguette Fugier, "Quarante ans de recherches sur l'idéologie indo-européenne: la méthode de M.Georges Dumézil," *Revue d'Histoire et de Philosophie Religieuses*, 45(1965): 358—74; C.Scott Littleton, *The New Comparative Mythology. An Anthropological Assessment of the Theories of Georges Dumézil*(Berkeley and Los Angeles, 1966)。

[48] 对于杜米兹的怀疑,恐怕在于他有系统的重构,而不是他惊人的博学。实际上,同样学识渊博的同时代学者,如劳费尔(B. Laufer)与伯希和(Paul Pelliot)得到学术界充满敬意的接受。但是这些百科全书式的专家并没有试图逾越语言学和历史编年学的学识范围。

[49] *Rituels indo-européens à Rome* (Paris, 1954); *Aspects de la fonction guerrière chez les Indo-Européens* (Paris, 1955); *Déesses latines et mythes védiques* (Brussels, 1956); *La religion romaine archaïque* (Paris, 1966).

[50] 英译本最近已经出版,名《神圣与世俗之美》(*Sacred and Profane Beauty*,纽约,1963 年)。

[51] 《宗教的本质和现象》(*Religion in Essence and Manifestation*,伦敦,1938 年),并且再版(纽约,1963 年),此外还有德文第二版。

[52] 爱德华·斯普朗格(Eduard Spranger),德国教育家、哲学家和心理学家。他也是狄尔泰学派的重要代表人物。——译者识

[53] 参见希尔克斯玛(F.Sierksma):《宗教现象学和心理情结》(*Phaenomenologie der Religie en Complexe Psychologie*,阿森,荷兰,1951 年)。对宗教现象学有重要影响的还有弗雷德里希·海勒(Friedrich Heiler)的著作,尤其是他的经典著作 *Das Gebet*(《祈祷》)(慕尼黑,1918 年),以及他的近著 *Erscheinungsformen und Wesen de Religion der Religion*(斯图加特,1961 年)。其他现象学方面的贡献则是由曼兴(G.Mensching)、布列德·克里斯滕森(W. Brede Kristensen)和布里克(C.J.Bleeker)作出的。亦可参见希尔斯曼(Hirschmann):《宗教现象学》(*Phänomenologie der Religion*,伍兹堡和阿穆勒,1940 年)。

第三章　探索宗教的"起源"*

太初的启示

有句法国谚语说"只有细节才是真正有意义的"。我虽不认为情况一贯如此,但是在文化史上确乎存在这样的例子,细节非常能够给人以启发。让我们考察一下佛罗伦萨人文主义的起源吧。大家知道,马希利奥·费奇诺(Marsilio Ficino)创办了柏拉图学院,将柏拉图的《文艺对话集》及某些新柏拉图派的著作和评注翻译为拉丁文。但是有一个细节总是脱离我们的注意:科西莫·德·美第奇(Cosimo de'Medici)这位政治家将收藏多年的柏拉图手稿和普罗提诺手稿的翻译工作托付给了费奇诺。1460 年,科西莫买下后来命名为《赫尔墨斯文集》(*Corpus Hermeticum*)的手稿,要求他立刻将其翻译成拉丁文。当时费奇诺连柏拉图著作的翻译还没有开始呢;尽管如此,他将柏拉图的《文艺对话集》放在一边,立即投身翻译《人

---

* 本章是最初发表于《宗教史》1964 年第 4 期第 154—169 页(芝加哥大学出版社版权所有)的一篇论文的修订和补充。

类的牧者》(*Poimandres*)以及其他赫尔墨斯式文献,以便在数月中结束译事。1463 年,就在科西莫去世前一年,这一翻译终克告成。《赫尔墨斯文集》是马希利奥·费奇诺翻译和出版的首部希腊文献。之后他开始了翻译柏拉图的工作。[1]

38

这个细节十分重要。它昭示了意大利文艺复兴的一个为历史学家所不知或者至少是视而不见的方面。科西莫和费奇诺都为这种太初的启示,亦即赫尔墨斯的著述中所揭示的启示所震惊。当然,他们没有理由怀疑《赫尔墨斯文集》所代表的埃及赫尔墨斯文字是我们能获得的最古老的启示——这启示比摩西还早,并且启发了毕达哥拉斯、柏拉图及波斯的祭司。

虽然费奇诺颂扬赫尔墨斯文本的神圣性和真实性,但是他并没有——也不能——怀疑自己不是一名好的基督徒。早在公元 2 世纪,基督教护教士拉克坦提乌斯就认为三倍伟大的赫尔墨斯(Hermes Trismegistos)是一位受神启发的圣哲,并将某些赫尔墨斯的预言解释为将在耶稣基督的诞生中应验。马希利奥·费奇诺再次确认了赫尔墨斯主义与赫尔墨斯神秘学之间的和谐,另一方面也重新确认了赫尔墨斯主义与基督教精神的和谐。皮科·德拉·米兰多拉(Pico delle Mirandola)的真诚也丝毫不少,他认为波斯祭司和犹太教喀巴拉证明了基督的神性。教皇亚历山大六世在梵蒂冈有一幅壁画,充满了埃及人的——亦即赫尔墨斯式的图像和象征!这并不是出于审美或装饰的原因;相反,亚历山大六世想要宣示他对崇高的、神秘的埃及传统实施保护。

这种对于赫尔墨斯主义异乎寻常的兴趣具有十分重要的意义。它反映了文艺复兴人对"太初启示"的追求,这启示不

仅包括摩西、犹太教的喀巴拉、柏拉图,还有最早也是最重要
的埃及和波斯的神秘宗教。它还揭示了对中世纪神学的深层
的不满;对一种我们可以称之为"地方性的",也就是纯粹的西
方基督教的反动;一种对普遍主义的、超历史的、"神秘"宗教
的渴望。几乎大约有两个世纪,埃及和赫尔墨斯主义,以及埃
及人的巫术,令无数神学家和哲学家着迷——不论信教还是
不信教,还是秘密的无神论者。如果说乔丹诺·布鲁诺热情
地欢呼哥白尼的发现,那只不过是他认为日心说具有深刻的
宗教的和巫术的意义。当乔丹诺·布鲁诺在英格兰的时候,
他预言古代埃及的巫术宗教将大量回归,就像《阿斯克勒庇俄
斯》(Asclepius)[2] 所描述的那样。布鲁诺觉得比哥白尼更优
越,因为哥白尼只是作为一名数学家而理解自己的理论,而布
鲁诺则能够将哥白尼的数字解释成为一种神秘的象形文字。

　　回溯作为宗教和文化神话的"太初的赫尔墨斯教启示",
到 1614 年博学的希腊学者以撒·卡索伯恩(Isaac Casaubon)
将其否定的这段历史,将是一个使人着迷的研究。细说这个前
现代神话的历史将会导致我们偏离本书的主旨。我们只要说
以撒·卡索伯恩纯以文字学为依据证明了《赫尔墨斯文集》决非
一种"太初的启示",而是很晚的文献——不会早于公元第二或
者第三世纪——反映的是希腊化—基督教的综合文化。

　　这种笃信在一些文献中传递着一种太初启示之兴衰,乃
是一种症候。人们甚至可以说,它预示着在未来三个世纪将
要发生的事情。事实上,追寻一种前摩西时代的启示预示着
并在日后一直如影随形的一系列危机,这些危机震荡了西方
基督教世界,最终为 18 世纪的自然主义和实证主义的意识形

态开辟道路。对"埃及人"以及其他"东方神秘"的强烈的、持
续的兴趣并没有在文艺复兴时期促发如今所称的比较宗教研
究。相反,费奇诺、布鲁诺和康帕内拉为了赫尔墨斯传奇所作
的努力,其直接后果是各种自然主义的哲学以及物质的和身
体的科学的凯旋。在这些新科学和哲学的观点看来,基督教
不可视为唯一一个启示的宗教——即使它还算是一个"启示
的"宗教的话。最后,在 19 世纪,基督教及其他已知宗教不仅
逐渐被视为没有根据的,而且在文化上也是危险的,因为它们
总是阻碍科学的发展。知识界一致认为,哲学家已经论证,关
于上帝存在的证明的不可能性;此外,人们主张科学正在证明
人只是从物质中创造出来的,亦即没有所谓的"灵魂",亦即一
种独立于肉体并且使之生存下来的精神实体。

比较宗教的起源

40

现在,值得注意是,比较宗教起源于 19 世纪中叶,正值唯
物主义和实证主义的宣传达到巅峰的时候。奥古斯特·孔德
于 1852 年出版其《实证主义教程》,1855 年和 1858 年出版《实
证政治体系》。1855 年,路德维希·毕希纳(Ludwig Buchner)
出版其《力与物质》。他试图证明,自然没有终极性,生命是自
发产生的,灵魂和心灵是有机体的机能。此外,毕希纳主张,
心灵是各种力量在大脑里面的汇合,很有可能我们所称的灵
魂就是"神经电"所致。翌年,1856 年,麦克斯·缪勒出版了
他的《比较神话学》,可以被视为在比较宗教学领域里的第一
部重要著作。三年以后达尔文的《物种起源》问世,1862 年赫

伯特·斯宾塞发表《第一原理》。在后面这本书里,斯宾塞试图通过太初事物的状态由非决定性的均质性向决定性的不均质性的变化来解释宇宙进化。

这些令学术界感到极大兴趣的各种新发现、假设以及学说迅速流传开来。这段时期最著名的一部畅销书是恩斯特·海克尔的《自然创造的历史》。此书首版于 1868 年,在该世纪结束之前已经有了二十余版,并且被翻译成十余种语言。必须承认,海克尔既不是一位出色的哲学家,也不是一位有原创性的思想家。在达尔文的启示下,他认为进化论构成一条通往关于自然的机械论观点的康庄大道。在海克尔看来,进化论使得神学和目的论的解释成为废弃物,以同样的方式,使得我们从自然原因去理解有机体的起源。

就在海克尔的著作被狂热地重印和翻译,而赫伯特·斯宾塞则在精心撰写他的《综合哲学体系》(1860—1896 年)的同时,"宗教史"这门新学科正在迅速发展。在《语言学演讲》(1864 年,第 2 版)中,麦克斯·缪勒介绍了他的关于雅利安人的太阳神话理论——这个理论乃是基于他相信,神话是从一种"语言疾病"中诞生的。1871 年,爱德华·泰勒(Edward Tylor)出版了《原始文化》,出色地试图重构宗教经验和宗教信仰的起源和进化。泰勒将宗教的第一阶段称为万物有灵论,亦即信仰自然是有生命、有灵魂的。从万物有灵论发展到多神教,而多神教最终让位于一神教。

我无意回顾 19 世纪下半叶对宗教的科学研究史的所有重要日子。但是让我们暂停片刻,去考察一方面在唯物主义意识形态和另一方面在东方及远古的宗教形式之间的这种共时性现象的意义。可以说，人们焦虑地寻求**生命**和**心灵**的起源、执迷于"**自然的神秘**"、迫切深入并且解读**物质**的内在结构——所有这些渴望和动力都指向一种对于太初的、最早的、普遍的基质的乡愁。物质、实体，代表着绝对的起源、万物的开始：**宇宙、生命、心灵**。有一种不可抗拒的欲望要深入时间和空间，以达到可见宇宙的极限和初始，尤其是要揭示**实体**的终极基础，以及活生生的**物质**。[3] 从一定的观点看，说人类灵魂最终是物质的产物未必是一种令人感到羞辱的断言。的确，从那样一种观点看，人类灵魂不再被视为上帝的创造；但是，鉴于上帝不存在的事实，那么发现灵魂是极其漫长而复杂的进化的产物，而且起源于最古老的宇宙实在：物理—化学的物质，这实在是令人宽慰的事情。在 19 世纪下半叶的科学家和具有科学思维的知识分子看来，物质不仅解决了所有问题，而且几乎将人类的未来化约为一种连续的、非戏剧性的、令人疲惫的进程。人类通过科学将会更为准确地知道物质，更为完全地掌握物质。这种渐进的完美性是无止境的。人们可以从这种对科学、科学教育及实业的狂热信任中揭示出一种宗教的弥赛亚的乐观主义：人最终将是自由的、幸福的、富裕的和强大的。

物质论、通灵论、神智论

乐观主义完全和唯物主义、实证主义及对于一种无限进化过程的信仰相适合。这不仅在那个世纪中叶勒南（E.Renan）所著《科学的未来》中，而且在 1880 年某些重要的泛宗教的运动中得到验证;例如,在所谓的通灵论(或者招魂术)中得到验证。这个运动始于 1848 年纽约的海德斯维尔(Hydesville)。约翰·德·福克斯(John D.Fox)一家听到了一系列神秘的敲击声,似乎有着一种智慧的原因。

> 他的一个女儿提示,有一种密码,三声表示是,一声表示否,两声表示怀疑,从而和一种所谓的"神灵"进行交流。福克斯三姐妹成为最早的一批"中介者",并且坐成一个"圆圈"(举办招魂会),以便和"神灵"交流,"神灵"或者敲击桌侧,或者用其他的记号作答,这件事迅速传遍了整个世界。[4]

通灵现象自古以来就已经为人所知,不同的文化和宗教都对它有不同的解释。但是现代通灵运动的新元素中的重要性在于其具有唯物主义的外观。首先,现在灵魂的存在或者灵魂在死后的存在有了一种"实证证明":敲击,起先是桌侧,而后又是所谓的有形化。灵魂的存在和不死自从毕达哥拉斯、恩培多克勒及柏拉图时代以来就一直是为西方世界所痴迷。但是,这是一个哲学和神学问题。而今在科学和实证的时代,灵魂不死竟和一桩实验联系起来了:要对它做出"科学"的证明,人们必须将做出"现实的",也就是物理的证明。后来,更加复杂的设备和实验室被设计出来,以便探索灵魂存在的证据。人们可以在几乎所有的类心理学的研究中领教到这种实证主义的乐观主义:总是存在这样的希望,总有一天灵魂的死后存在可以得到证明。

其他一些著名的类宗教运动中的乐观主义和实证主义倾向也毫不逊色,例如海伦娜·彼得罗夫娜·布拉瓦斯基

(Helena Petrovna Blabasky)于 1875 年 9 月在纽约成立的神智学会。这位令人着迷的天才冒险者在其所著的《伊西斯揭秘》(1877 年)和其他大部头的著作中,用一种现代世界可以理解的术语阐述了一种神秘的启示。现代世界相信进化论,因而也相信一种无限的进步。于是布拉瓦斯基夫人就提出一种精神通过转生和渐进的入会礼而无限进化的理论。她声称,她在一次可能是真的西藏之旅期间,接受了太初的,也就是亚洲的甚至是太空的启示。但是我必须在此打住,不再考察它们是否真的具有各种东方特征,是否是一种反进化论的灵性生命概念。此外,布拉瓦斯基夫人相信,必须援引"实证的"证据来为神智派的教义奠定基础,并经常将西藏圣人的神秘信息"物质化"。这些信息虽然用英文写在普通的纸面上,却具有坚实的、物质的、事实的魅力——曾令无数显然有头脑的人士对布拉瓦斯基夫人的秘密教义的真实性深信不疑。当然,这是一种乐观主义的秘密教义,很容易在一个精神上的乐观主义社会中揭示出来:你只要读两卷本的《伊西斯揭秘》,就可以成为神智派团体的成员,次第经过若干入会礼而获得**宇宙**及你自身灵魂的最深刻奥秘。你最终将会知道,进步无限,你和整个人类终将达到完美之境。

诸位在听到这些奇异主张时不可一笑了之。通灵运动和神智学一样都表达了与实证主义意识形态相同的时代精神。《物种起源》《力与物质》和《比较神话学》及《伊西斯揭秘》的读者可能千差万别,但是他们的共同之处在于:都对基督教有所不满,相当一部分人甚至还不是"信教的"。由于历史上基督教在知识分子中的缺位而造成了一种真空,因着这种真

44

空，有些人试图寻求某种创造性的物质，而有些人则试图和灵魂或看不见的圣人交流。宗教史这门新学科就在这种文化背景下迅速发展。当然，它也因循着这样一种发展范式而发展：对事实的实证主义研究，及对起源以及每一种宗教的源头的追寻。

着迷于起源问题

在这一时期，所有西方历史编年史都为起源的探索而着迷。某物的"起源与发展"几乎成为一个套语。著名的学者们撰写语言的起源、人类社会的起源、艺术的起源、风俗的起源、印欧民族的起源，等等。我们在这里涉及了一个令人惊异然而却复杂的问题，只是我们不能展开讨论。我们只消说，这种对人类风俗和文化创造的起源研究，乃是博物学家对物种的起源之探索、生物学家梦想把握生命的起源之探索，以及地理学家和天文学家努力理解地球和宇宙的起源的延续和完善。从心理学角度看，人们在这里可以解读出对于"太初的"及"最早的"事物的一种共同的乡愁。

麦克斯·缪勒认为《梨俱吠陀》反映着雅利安宗教的太初阶段，因此也是宗教信仰和神话创造的最古老阶段。但是甚至早在19世纪70年代，法国梵文学者阿贝尔·贝加涅（Abel Bergaigne）就已经证明，吠陀赞歌绝非对于自然崇拜的宗教的自发而天真的表达，而是一种具有极高学识和成熟仪式主义的祭司阶层的产物。人们业已理解了一种太初形态的宗教，这种令人振奋的确信再度被精确的、细致的语言学的分析消除殆尽了。

关于吠陀的学术讨论仅仅是考证"宗教起源"的漫长而戏剧性的一段插曲而已。安德鲁·朗这位优秀而博学的学者，决定性地摧毁了麦克斯·缪勒的神话重构。朗的两部最为成功的著作《风俗和神话》（1883 年）和《现代神话学》（1897 年）是由一些论文编撰而成，它们凭借泰勒的理论而令麦克斯·缪勒的观念受到普遍怀疑。但是在《现代神话学》问世一年之后的 1898 年，安德鲁·朗出版了另外一部著作《宗教的形成》，书中他拒绝了泰勒的观点，即可以在万物有灵论中找到宗教的起源。朗将他的论证建构在例如澳大利亚土著和安达曼群岛民族等某些非常古老的民族中间存在高位神信仰的基础之上。泰勒认为这样一种信仰很有可能不是最早的，上帝的观念是从自然神灵和祖先崇拜中发展起来的。但是在澳大利亚人和安达曼群岛民那里，安德鲁·朗既没有发现祖先崇拜，也没有发现自然崇拜。

这种始料未及的反进化论的主张——即高位神不是宗教历史的结束而是开始——并没有在当时的学术界留下深刻印象。安德鲁·朗固然并没有完全理解他的材料，在和哈特兰的讨论中，他被迫放弃早期的一些观点。除此之外，他还不幸是一位优秀的多才多艺的作家，在他的许多作品中还有一卷诗集。而文学天赋通常会令学者疑窦丛生。

尽管如此，安德鲁·朗关于原始人高位神的概念之所以重要，还有其他的一些理由。在 19 世纪的最后几年以及 20 世纪的最初几年，万物有灵论不再被视为宗教的最初阶段。在这个阶段有两种学说受到追捧。它们也许可以称为前万物有灵论，因为它们都宣称找到了一个比万物有灵论所描述的还要古老的宗教阶段。第一个理论就是安德鲁·朗的,推论出在宗教的最初阶段存在一种对高位神的信仰。这个假设虽然在英格兰几乎不为人知,却经过完善和修正,为格拉布纳(Graebner)和某些欧陆学者所接受。不幸的是,我们时代最伟大的民族学家威廉·施密特将原始人高位神的信仰进而论述为一种严格的原始一神教(Urmonotheismus)。我之所以说不幸是因为,尽管施密特是一位能力卓著的学者,还是一位天主教神甫,科学世界怀疑他有护教的意图。此外,正如我们已经注意到的那样(第 25 页以下),施密特是一位充分的理性主义者,他试图证明上帝的观念是原始人通过严格的因果关系的思维而把握的。然而,正当施密特在出版其皇皇巨著《上帝观念的起源》的时候,西方世界正经历着诸多非理性哲学和意识形态的大爆发。柏格森的"生命冲动",弗洛伊德无意识的发现,列维·布留尔对其所谓前逻辑的、神秘的思维的研究,奥托的《论"神圣"》,以及达达主义和超现实主义等艺术革命,标志着现代非理性主义历史的重要事件。因而鲜有民族学家和宗教史学家能接受施密特对上帝观念的发现所做的理性主义解释。

相反,大致在 1900 年至 1920 年这个阶段,第二种前万物有灵论占据了主导地位,也就是玛纳(mana),亦即对一种直觉的、非人格的巫术—宗教力量的信仰。尤其是英国人类学家马雷特(Marett)坚持认为,玛纳的信仰具有前万物有灵论的特征,他证明这种巫术—宗教的经验并不以灵魂的概念为前提,因而代表着一种比泰勒的万物有灵论(参见前文第 15 页)还要古老的宗教阶段。

在这种对宗教起源的各种假说的生动对抗中,令我们感兴趣的是对"太初"的投入。我们注意到,在意大利人文主义者和哲学家重新发现赫尔墨斯教后也产生了类似的关注。在极为不同的层面上,怀有极为不同的目的,寻找"太初"乃是19世纪科学的意识形态学家和历史学家活动所特有的。这两种前万物有灵论——亦即信仰一个高位神的太初信仰以及将神圣体验为一种非人格的力量——的学说都主张,它们达到了比泰勒万物有灵论更为深刻的宗教史的阶段。事实上,这两种学说都主张它们已经揭示了宗教的开端。此外,这两种理论都拒绝泰勒假设中所包含的宗教生活是单线性的进化。马雷特和玛纳学派对于建构一种宗教成长的普遍历史并无兴趣。相反,施密特一生的工作都集中于这个问题,我们应当注意到,他相信这是一个历史难题,而不是一个自然主义的难题。在施密特看来,起初人们仅仅相信一个有权能的、创造的神。后来,由于历史环境使然,人们无视甚至忘却了这个独一无二的神,产生对于多重的神、女神、鬼怪、神话人物等越来越复杂的信仰。虽然这个退化的过程开始于数千年之前,施密特却主张必须将其称为一个历史过程,因为人类是一种历史的存在。施密特将历史民族学在相当大的范围内引入原始民族的研究。正如我们在以后所看到的,这个视野发生重要的转变所带来的后果。

47

高位神和上帝之死

然而,此刻我们还是回到安德鲁·朗所发现的原始高位神的信仰上来吧。我不知道朗是否读过尼采的作品。很有可能他没有读过。但是在朗的发现之前二十多年,尼采就通过苏鲁支之口宣布上帝已死。尼采的宣布终其一生竟无人响应,却对他之后好几代欧洲人产生了极大影响。它宣布基督教——以及宗教的——迅速终结,并且预言现代人从此必须生活在一个永恒的没有上帝的世界。现在,我有趣地发现,朗发现了原始人中高位神的存在,也发现了他们的死亡——虽然他并没有认识到他的发现的这个层面。实际上,朗注意到了信仰一位高位神并不常见,对于这些神的崇拜仪式也很少见,也就是说,他们在宗教生活中所扮演的角色实际上非常普通。朗甚至试图找到高位神退化和最终消失以及为其他宗教的人物所替代的解释。在诸多原因中,他认为神话想象力极大地促进了高位神的衰退。此言差矣,但是就我们的研究而言无关紧要。事实是,原始人的高位神变成了一个退位神(deus otiosus),隐退到了天上,对人类事务漠不关心。最终他被人遗忘了。换言之,他死了——并不是说有讲述他死亡的神话,而是他完全从宗教生活甚至最终从神话中消失了。

48　　　高位神的退隐也就意味着他的死亡。尼采的宣言对西方犹太教—基督教世界而言是全新的,而上帝之死却是宗教史上极其古老的现象——当然,两者的差别在于:高位神的退隐诞生了一个更加鲜活的和更加具有戏剧性的,尽管是更加低级的万神殿——而在尼采的概念里,在犹太教—基督教的上帝死了之后,人类就必须靠自己生活了——在一个极端去神圣化的世界里孤独地生活下去。但是这种极端去神圣化的和内在的世界是一个历史的世界。作为一个历史的存在,人类杀死了上帝,在这次暗杀——亦即"弑神"之后,他被迫完全生活在了历史里。在此,令人感兴趣的是,我们可以联想到施密特,那位原始一神教理论的鼓吹者的观点,对高位神的忽视,最终被其他宗教人物取代,这并不是自然主义者而是一个历史过程的产物。原始人只是因为创造一种物质的和文化的进步,从食物的采集者到农业和游牧文化——换言之,因为他在创造历史这个朴素的事实,他丧失了对于一个上帝的信仰,开始崇拜多重的、低级的神灵。

在尼采看来,正如在安德鲁·朗和威廉·施密特看来,我们直面于一种全新的观念:在上帝的退化、退隐以及最终的"死亡"中,人类所要担负起来的历史责任。以后几代的学者将不得不和这种新历史意义搏斗。与此同时,比较宗教学这门学科也在发展。在全世界,刊布了越来越多的资料,撰著了越来越多的书籍,开设了越来越多的宗教史教席。

有一段时期,尤其是在 19 世纪下半叶,人们认为应当有一两代人心无旁骛地投身于文献的出版和分析,以便后续的学者可以自由地进行综合的解释。然而这当然只是一个梦想,可是甚至勒南在写作《科学的未来》时也对此深信不疑。宗教史,以及其他所有历史学科,都遵循着科学活动的范型,也就是越来越关注于收集"事实"并加以分类。但是宗教史学家对待其材料的这种苦行僧似的谦卑态度不无高贵之处,几乎具有某种精神的意义。人们可以渲染学者如何浸淫于其文献的情形,有时几乎是被卷帙浩繁的材料掩埋了,就像经历了一次地狱之旅(*descensus ad inferos*)一般;下到深奥的、幽冥的地下世界,在那里直面鲜活材料的胚胎状态。在某些情况下,全身心地浸淫于"物质"就相当于一种精神的死亡;因为,不幸

49

的是,学者的创造性可说是极为贫乏的。

如此迫切地向下(descensus)求索,与 20 世纪初西方思想一种普遍倾向遥相呼应。若要描绘弗洛伊德所阐述的心理分析技术,莫过于说这就是一次地狱之旅,即下到人类心理的最深最危险的区域。当荣格揭示了集体无意识的存在时,对于这些遥远的宝藏——古代人类的神话、符号和想象——的探索就开始和海洋学及洞穴学的技术相类似了。正如潜入海洋的深处或者深入洞穴底层探险可以揭示地表早已消失的基本的有机体,心理分析则可以提取从前无法企及的深层心理生活形式加以研究。洞穴学将第三纪甚至中生代的有机生物、不会成为化石的动物形态——换言之,那些在地表已经绝迹的生命形态——摆在生物学家面前。通过发现"活化石",洞穴学极大地推进了我们对于古代生命形态的认识。同样,心理生活的古代形式、埋藏在幽冥的无意识中的"活化石",通过弗洛伊德和其他深层心理学家开发的技术,现在也可以加以研究了。

当然,我们必须将弗洛伊德对人类知识的巨大贡献,亦即发现了无意识和心理分析,同弗洛伊德的意识形态区分开来,这种意识形态只不过是无数实证主义意识形态之一。弗洛伊德还认为,在心理分析的帮助下,他已经抵达人类文化和宗教的"太初"阶段。正如我们已经看到的那样(第 21 页),他从一次原始的谋杀,确切地说是一次弑父行为中考证出宗教和文化的起源。在弗洛伊德看来,上帝只不过是一个崇高的、有形的父亲,被他赶出家门的儿子们杀死了。这个令人吃惊的解释遭到所有有责任感的民族学家的广泛批评和拒绝。但是弗

洛伊德既没有放弃也没有修正他的学说。很有可能他认为在
自己的维也纳病人中找到了杀死上帝、父亲的证明。但是这
个"发现"相当于说某些现代人已开始感到他们"弑神"的后果
了。因为在《图腾与禁忌》出版三十年前，尼采就已经宣布上
帝已死；或者更加确切地说，他已经被人类杀死了。也许弗洛
伊德是无意识地将他的某些维也纳病人的神经机能症投射到
过去的神话。"上帝已死"在原始人那里也是发生过的，但是
那只不过意味着上帝的隐蔽和遥远，而不是像尼采所言，被人
类亲手"谋杀"了。

　　弗洛伊德所取得的成就具有的两面性和我们的探索不无
关系：首先，弗洛伊德代表着西方科学家对"太初""起源"众所
周知的渴求，他试图比任何其他人都更进一步地大胆走入心
灵的历史。在他看来这就是渗透进无意识里面。其次，弗洛
伊德认为，他发现在人类文化和风俗的开端并不是一种生物
现象而是一个历史事件，也就是长子亲手杀死父亲。这样一
种历史事件是否真的发生过，并不是我们在这里所要讨论的。
重要的在于这样一个事实，弗洛伊德——尽管他无疑是一位
自然主义者——坚决相信宗教的起源是和一个事件相关联：
第一次弑父行为。这具有特别的意义，因为数以千计的心理
分析学家和千百万多少是有教养的西方人，如今都相信弗洛
伊德的解释在科学上是正确的。

历史性和历史决定论

　　因此，西方人渴望"起源"和"太初"迫使他最终和历史相

50

遇。宗教史学家如今知道,他不能抵达宗教的"起源"。在起初(*ab origine*)所发生的事情不再是宗教史学家的问题,不过可以想象,它可以是神学家或哲学家的问题。不知不觉中,宗教史学家发现自己处在一种和麦克斯·缪勒及泰勒全然不同,甚至也和弗雷泽和马雷特完全不同的文化环境里。这是一个由尼采和马克思、狄尔泰、克罗齐以及奥尔特加(Ortega)所培育的全新环境;这个环境中的流行套语不是自然而是历史。历史的不可化约性,亦即人总是一个历史的存在,这样一种发现不是一种否定的、贫乏的经验。但是很快这个明显的事实又让位于一系列相对主义的和历史决定论的意识形态及哲学,从狄尔泰到海德格尔和萨特。狄尔泰本人在七十大寿时承认,"各种人类概念的相对性决定了世界的历史观"。

在此,我们无需讨论历史决定论的有效性。但是为了理解宗教史学家的真实处境,我们必须考察由人的历史性的发现所带来的巨大危机。这个新的维度,也就是历史性的维度,容易产生多种解释。但是必须同意,从某种观点看,将人类首先理解为历史的存在是对西方意识的深刻羞辱。西方人认为自己是上帝连续的创造物,是启示的唯一拥有者,是世界的主人,是唯一有效的文化的创造者,等等。现在他发现自己和其他人处在同一层次上,也就是说受到无意识和历史的局限——再也不是高级文化的唯一创造者,再也不是世界的主人,文化上受到消亡的威胁。当瓦勒里宣称,"我们这些他者的文明,我们如今知道我们终有一死"[5],此乃狄尔泰悲观的历史决定论的回响。

但是他发现普遍的历史局限性之后对西方人的羞辱并非

没有积极的结果。首先,接受人类的历史性有助于我们摆脱天使主义(Angelism)和唯心主义的最后残余。我们现在更加认真对待这样一个事实,即人类属于这个世界,他不是一个囚禁于物质中的灵性。要认识到人总是受限制的,就是要发现他同样是一个有创造性的存在。他创造性地回应宇宙的、心理—逻辑的或者历史局限性的挑战。因为这个原因,我们再也不能接受对于人类文化和宗教的自然主义的解释了。只要举一个例子就可以了,我们现在知道,原始人并没有——事实上也不能——拥有一种自然主义的宗教。在麦克斯·缪勒和泰勒时代,学者们常常谈论自然主义的崇拜和拜物教,表明原始人赞美自然的对象。但是对宇宙对象的敬奉并不是"拜物教"。人们所敬奉的不是树、泉水或者石头,而是通过这些宇宙的对象所显现出来的神圣。这种对古代人类的宗教经验的认识乃是由于我们的历史意识得到拓展所致。究而言之,可以说相对主义虽然有其危险性,但人类是唯一的历史存在的原则开启了一种新的宇宙主义。如果人类通过自身而创造历史,那么人类过去所做的任何事情对于我们每一个人而言都是重要的。这就是说,西方意识承认只有一种历史,世界的历史(Universal History),以民族为中心的历史应当作为一种地方主义的观点而超越。对于宗教史而言,这意味着人不能忽视任何重要的形式,虽然他当然并不期待成为所有这些形式的专家。

就这样,经过一个多世纪的不停歇的辛劳,学者们被迫放弃借助历史工具去认识宗教起源这一古老的梦想,而致力于研究不同阶段和不同侧面的宗教生活。我们如今要问,这就

52

是宗教科学的最后结论吗？我们是否注定要无限地和我们的宗教材料打交道,把它们只不过当成是一堆历史文献而已,也就是说,是历代不同存在处境的表达呢？我们不能抵达宗教的起源,这个事实是否意味着我们不能把握宗教现象的本质呢？宗教仅仅是历史现象吗,例如就像耶路撒冷或者康斯坦丁堡的陷落一样的历史现象吗？对于宗教史学者而言,"历史"主要是意味着所有的宗教现象都是有条件的。纯粹的宗教现象是不存在的。宗教现象也总是社会的、经济的、心理的现象,当然也是历史现象,因为它发生在历史的时间里,受到以前所发生的一切事物的局限。

然而问题是:受到局限的多元的体系是否就是对宗教现象的一种自足的解释？当一种新的伟大发现向人类的心灵开启了新的视野,便有一种要按照那种发现、以它为参照系来解释一切事物的倾向。19 世纪的科学成就迫使那个时代的人以物质解释一切——不仅解释生命而且解释心灵及其作用。在 20 世纪初,历史的发现又迫使我们这代人把人化约为历史的维度,也就是说,化约为人类毫无希望的"所处"的有条件的体系。但是,我们不可将那使人类成为实际存在的历史环境,同人类存在的事实本身混为一谈。对于宗教史学家而言,一种神话或者一种意识总是受到历史的局限,并不能将这个神话和仪式的存在解释掉。换言之,一种宗教经验的历史性并不能告诉我们宗教经验本身究竟是什么。我们知道,我们只有通过总是受到历史局限的显现把握神圣。但是对于这些受到历史局限的表达并不能回答我们这些问题:什么是神圣？宗教经验实际上是什么？

总之,那些不接受某些时髦的社会学和历史学派所主张的经验主义或相对主义的宗教史学家总会感到受到很大的挫折。他知道他注定只能和历史文献打交道,但是与此同时他会感到,这些文献告诉他某些东西,而不仅仅是它们反映着历史处境这样一个简单的事实。他多少能够感受到它们向他揭示了有关人类及人类同神圣的关系的重要真理。但是如何把握这些真理呢?这就是一个时刻困扰着许多当代宗教史学家的问题。已经提出了若干答案。但是,比一个答案更为重要的乃是这个事实,即宗教史学家提出了这个问题。和以往一样,一个正确的提问可以将新的生命注入一种衰败的科学。

注 释

[1] Frances A.Yates, *Giordano Bruno and the Hermetic Tradition* (Chicago, 1964).

[2] 又名《至善宝训》(*Perfect Sermon*),西方神秘主义文献之一,文艺复兴时期作为异教传统,受到人文主义者的追捧。——译者识

[3] 我们还要补充的是,对绝对起源、万物开端的全神贯注是可以称之为古代心灵所特有的。正如我们在以前的作品中多次指出的那样,主要是因为这个原因,宇宙诞生的神话是古代宗教的核心内容:在叙述世界如何存在的过程中,它揭示了现实("存在"本身)如何存在的[参见伊利亚德《神话和现实》(纽约,1963 年)]。这种最初的系统的宇宙诞生和宇宙结构学说在一定程度上就是"本源的"(参见《神话和现实》,第 111 页以下)。从一定的观点看,并没有解决古代心灵和 19 世纪的科学意识形态之间的连续性。弗洛伊德也利用了"绝对起源"这个概念来理解人类条件的特殊性,但是弗洛伊德认为"太初"业已丧失了它的宇宙的维

度,还原到"人格的太初性",亦即最初的儿童时代(参见前引书,第 77 页以下;亦可参见第 49 页以下)。

[4]　F.C.S.Schiller,"Spritism,"*Encyclopaedia of Religion and Ethics*, ed. James Hastings(New York,1921),vol.11,p.806.

[5]　摘自保罗·瓦勒里(Paul Valéry,1871—1945),法国著名诗人,《精神的危机》(1919 年)卷首语。——译者识

第四章　危机和更新[*]

我们还是坦率承认吧。宗教史或者比较宗教学在现代文化中扮演着一个相当平凡的角色。每当回想起 19 世纪后半叶见多识广的公众，如何怀着极大的热情追踪麦克斯·缪勒关于神话和宗教的进化的思考及他和安德鲁·朗的论战；每当回想起《金枝》的巨大成功以及玛纳、前逻辑思维及神秘互渗的流行；每当回想起《基督教的起源》《希腊宗教研究导论》以及《宗教生活的基本方式》成为我们父辈、祖辈的床头读物的时候，就不免对我们的现状感到忧心。

当然，有人也可以回应说，当今已没有麦克斯·缪勒、安德鲁·朗或者弗雷泽，这也许是事实，不是因为今日宗教史学家不如他们，而仅仅是因为他们更谦逊、更孤僻，也更加怯懦。正是这个问题引起我的兴趣。为什么宗教史学家任由自己变成今天这个样子呢？第一个回答也许是：因为他们从其卓尔不凡的前辈那里学到了许多经验教训；换言之，他们由于过早

---

　　[*] 本章是最初发表于《宗教史》1965 年第 5 期，芝加哥大学出版社，第 1—17 页。题为《宗教史上的危机和更新》，有改动。

预测的暂时性和宏观概括的不确定性，因而有所顾虑。但是我怀疑，在任何一门其他学科中，一个富有创造力的头脑是否仅仅因为前辈研究成果的脆弱性而放弃完成其工作的努力。当今宗教史学家遭遇困局有着较为复杂的原因。

"第二次文艺复兴"

在讨论这些原因之前，我要回顾一下现代文化史上一个类似的事例。19世纪初，人们因《奥义书》和佛教的"发现"而欢呼，以为那是一个预示着重大影响的文化事件。叔本华将梵文和《奥义书》的发现同意大利文艺复兴时期"真正的"希腊—拉丁文化的"再发现"相提并论。人们期待着作为与印度哲学的相遇，西方思想能够发生一种重大的更新。然而，正如我们所知，不仅"第二次文艺复兴"没有降临，而且，除了麦克斯·缪勒所引发的这种神话学的流行，印度精神的发现并没有产生任何有价值的文化创造。如今，有两个特殊的原因被用来解释这种失败：(1)19世纪下半叶形而上学的衰落和物质主义、实证主义意识形态的大获全胜；(2)早期印度学家把精力集中在编辑文献、词汇以及从事文字学和历史学的研究。为了能够推动印度思想的认识，就要不惜代价建立一种文字学。

尽管如此，在印度学诞生之后的一个世纪里，伟大的、富有冒险精神的综合性研究并不少见。欧根·布诺夫（Eugène Burnouf）于1844年出版了其《印度佛教史导论》；在即使经过一个多世纪文字学巨大发展之后的今天看来也是极其庞大的

56

研究计划面前,阿尔伯特·韦伯(Albert Weber)、麦克斯·缪勒和阿贝尔·波尔加尼(Abel Bergaigne)毫不畏惧;到 19 世纪末,保罗·杜森(Paul Deussen)撰写了印度哲学史;希尔宛·列维(Sylvain Lévy)以若干部在如今只有其事业达到顶峰的印度学家才敢尝试的作品(《梵书中的献祭教义》,1898年;《印度戏剧》,2 卷本,1890 年)首次亮相,而他年轻时就出版了美不胜收的三卷本著作《尼泊尔》(1905—1908 年);而赫尔曼·欧登伯格(Hermann Oldenberg)毫不犹豫地奉献出他的关于吠陀宗教(1894 年)、佛陀及早期佛教的全面研究(1881 年)。

因此人们所指望的由于梵文和印度哲学的发现所导致的"第二次文艺复兴"的无力兑现,并不是东方学家将精力过分集中在文字学的缘故。"文艺复兴"没有顺势而生,是由一个极其简单原因所致,即梵文和其他东方语言的研究并没有超越文字学家和历史学家的范围,而在意大利文艺复兴时期,希腊和古典拉丁文不仅得到语法学家和人文主义者的研究,而且诗人、艺术家、哲学家、神学家及科学家都进行研究。诚然,保罗·杜森在其撰写的若干关于《奥义书》和吠檀多的著作中,试图以德国唯心论解释印度思想,从而使之变得"令人尊敬"——例如他证明康德或黑格尔的某些观念在《奥义书》中可以找到其胚芽。杜森相信,他坚持寻找印度思想和西方形而上学之间的相似性,乃是推进印度学的事业,并希望由此激发人们对于印度哲学的兴趣。保罗·杜森是一位出色的学者,但并不是一位有原创性的思想家。只要想象一下他的同事弗雷德里希·尼采就可以了。尼采致力于研究梵文和印度哲学,乃是为了认识印度和了解一位有创造力的西方心灵的真正相遇将会产生些什么结果。我们举一个实例,当一个人看到,像路易·马西农(Louis Massignon)这样富有深刻宗教精神的人向埃尔·哈拉智(Al Hallaj)学习,像既是哲学家又是神学家的亨利·科宾在解释苏哈拉瓦迪(Sohrawardi)、伊本·阿拉比(Ibn Arabi)以及阿维森那的思想时,他一定会思考,当西方与穆斯林哲学和神秘主义相遇将会产生何种富有创造性的结果。

印度学,就像普通东方学一样,很早以前就已经成为一门"令人尊敬"的有用的学科,并和其他许多学科一样构成了我们所称的人文学科——但是并未如叔本华所预言的那样扮演声望卓著的角色。如果人们仍然不惮于期待和印度及亚洲思想产生令人振奋的相遇,那便是由于历史,由于亚洲现在已经出现在历史现实之中的事实;它并非西方东方学家的工作的结果。[1]

不过,欧洲已多次表现出要积极开展同欧洲以外的精神和文化的对话和交流。我们只要回想起日本绘画首次展览对法国印象派的作用,或者非洲雕像对毕加索的影响,或者"原始艺术"的发现对于第一代超现实主义者的影响就可以了。但是在所有这些事例中,"创造性"的相遇是在艺术家而不是学者之间发生。

整体的解释学

自东方学滥觞后,宗教史本身在某些方面凭借东方学家的研究,很快就自动形成了一门学科,且得益于人类学的发展而获得长足的进步。换言之,宗教史的两大主要文献来源一直而且仍将是亚洲文化和人们所称的"原始"民族(因为缺乏更加恰当的术语)。就这两个来源而言,涉及一个问题,即这些民族和国家在过去半个世纪或十至十五年之内,都已经摆脱了欧洲而担负起了历史的责任。很难想象还有哪一门人文学科能够占据天时地利,既有助于开拓西方文化的眼界,同时又能够与东方和古代的文化重修旧好。那些最伟大的印度学家及最出色的人类学家,不管他们的天分多高,都发现自己被迫局限于自己的研究范围,尽管这个范围本身也是十分巨大的。但是,如果一个宗教史学家忠于自己学科的宗旨,那么他就应该能够知道亚洲宗教及诸多"原始"世界宗教的本质,就像人们所期待的那样,他能够理解古代近东、地中海宗教以及犹太教、基督教及伊斯兰教的基本观念。显然,问题不是要像语言学家和历史学家那样精通所有领域,而是要吸收专家的研究,将它们整合成为宗教史特有的观点。弗雷泽、卡尔·克莱蒙(Carl Clemen)、佩塔佐尼及范德莱乌都曾在不同领域致力于追求这样一种发展,他们的榜样并没有失去其价值,即使人们不再同意他们的解释。[2]

58

我回顾这些事实乃是为了感叹宗教史学家虽然占尽天时地利,却贡献甚微。当然,我没有忘记过去四分之三个世纪宗教史学家在各种领域作出的贡献。正是因为过去这些贡献,我们今天才能够把宗教史当成一门独立学科讨论。但是人们也感叹这样一个事实,宗教史学家迄今所做的大抵也只有这些了,他们怀着奉献精神,坚忍不拔地工作,为宗教史这门学科奠定坚实的基础。宗教史不只是一门像考古学或者古钱币学一样的历史学科。它是一门整体的解释学,就是要解读和阐述从史前时代直到我们时代人类每一次与神圣的相遇。而今,由于拘谨或者也许是过分胆怯(这首先是因为他们前辈的过于出色),宗教史学家要对他们的研究作出文化上的评价,还是显得十分犹豫不决。从麦克斯·缪勒和安德鲁·朗、弗雷泽和马雷特,从马雷特到列维·布留尔,以及从列维·布留尔到我们时代的宗教史学家,人们注意到了创造性的逐渐缺失,以及伴随而来的解释性文化综合的缺失,转而投身于碎片化的、分析的研究。[3]如果说人们还会讨论禁忌和图腾,那首先要归因于弗洛伊德的流行;如果说人们还对"原始人"的宗教感兴趣,则要感谢马林诺夫斯基和其他一些人类学家;如果说所谓的神话和仪式学派仍然吸引大众的注意,则似乎是由于某些神学家和文学评论家的缘故。

　　宗教史学家的这种拘谨或过分胆怯的失败主义态度(其后果便是大众日渐不再关心他们的研究工作),显然是在一个关于人的知识由于心理分析、现象学和革命性的艺术实验而极大增长,尤其是在同亚洲和"原始人"相遇的时代里形成的。我们个人认为,这个事实既是一个反讽,也是一个悲剧,因为恰好在宗教史研究本可以构造学科范式以破译和解释西方世界所面对的"未知宇宙"时,这种怯懦精神变得普遍起来。[4]

　　尽管如此,我们还是相信,在宗教史理应占据的核心位置上重新确立这门学科并非毫无可能。宗教史学家首先需要意识到他们的无限的可能性。这未必使人因为任务艰巨而感到气馁;首先必须放弃轻飘飘的借口,说什么并非所有资料都是

那么方便收集和解释的。自然科学姑且不论，就是所有其他
人文学科都处在相似的境地。但是从事科学研究的人不会等
到将所有事实都收集起来之后再去试图理解所有这些已知的
事实。除此之外，必须把自己从这样一种迷信中解放出来，以
为分析就是真正的科学研究，应当在晚年的时候才从事综合
或概括的工作。人们并未领略过这样的情形，一门科学或人
文学科——他们的代表人物只是致力于分析，而不去尝试推
出一种工作假说或者做出某种概括。人心以这样一种封闭的
方式运作，换来的只会是创造性的缺乏。也许在各种不同的
科学学科中都有一些学者从未超出过分析的阶段——但是他
们是现代研究机构的牺牲品。不管怎样，他们都不应该被视
为模范。科学并不将有意义的发现归于这些人的名下。

"入会礼"或自我异化

60

对于宗教史而言，就像许多其他人文学科一样，"分析"就
相当于"文字学"。人们并不认为学者是可信的，除非他掌握
了一门文字学（这个术语是指他了解所研究的宗教的语言、历
史和文化）。尼采正确地指出，文字学（就他而言乃是经典文
字学）就是一种"入会礼"：一个人若非首先入会，换言之，若未
能掌握经典文字学，便不能渗透到"神秘"（亦即渗透到希腊精
神的源泉里面）。但是 19 世纪的伟大经典研究者，从弗雷德
里希·威尔基（Frederich Welcky）到埃尔温·罗德（Erwin
Rhode）和威廉莫维茨-莫棱多尔夫（Williamowitz-Moelendor-
ff），都未曾将自己局限于严格意义上的文字学范畴。每个人

都以各自的方式创作了辉煌的综合性著作,从严格的文字学意义上看,它们已经被今人超越,但是直至今日还在滋养着西方文化。当然,也有隶属不同人文科学的数量可观的学者,并没有尝试走出"文字学"。但是他们并非值得我们注意的范例,因为仅仅将自己局限在一种精神宇宙的外在方面,最终无异自我异化。

对宗教史而言,就像许多其他人文学科一样,要综合则必须借道解释学。但是在宗教史这里,解释学本身就已经证明是一种比较复杂的工作,因为它不仅是一个理解和解释"宗教事实"的问题。由于这些宗教事实的特性,它们本身就构成我们可以思考——甚至应该思考——的材料,而且需要我们用一种创造性的方式去进行思考,就像孟德斯鸠、伏尔泰、赫尔德尔和黑格尔致力于思考人类的境遇及其历史时所做的那样。

这样一种创造性的解释学似乎并非总是主导着宗教史学家的工作,这也许是因为"科学主义"在某些人文学科中占尽上风而产生的一种抑制作用。社会科学以及某种程度上人类学都已经致力于变得更加"科学",在这种条件下,宗教史学家则变得更加谨慎,实际上是变得更加胆怯。但这事实上包含一个误解。宗教史及其他人文科学——虽则早已经是这样去做了——都不应当去迎合从自然科学那里借来的模式,况且这些(尤其是从物理学那里借来的)模式早已经过时了。

由于其自身的存在方式,宗教史不得不去创作一些鸿篇巨制(oeuvres),而不仅仅是博学的专著。和自然科学及一种致力于仿效其模式的社会学有所不同,解释学置身于一种文化的活水源头。因为，概而言之，每一种文化都是由一系列对"神话"或其特殊的意识形态的解释和重估构成的。不仅那些严格意义上的创造者获得太初的最初异象，还有"传扬者"（hermeneuts）也是如此。在希腊，与荷马、悲剧诗人及自前苏格拉底至普罗提诺的哲学家并肩的，还有大量的神话讲述者、史学家和批评家，从希罗多德到吕西安和普鲁塔克。意大利人文主义在思想史上的重要性更多的要归功于"传扬者"而不是写作者。伊拉斯谟因其版本评断、文字学上的博学多闻，以及大量的书信而更新了西方文化。从某个观点看，可以说宗教改革和反宗教改革造就了许多解释学家，他们勤奋不辍，通过大胆的解释，对犹太教—基督教传统做出了重新评估。

无需再添加什么例证了。我们只要回顾一下雅各布·布克哈特《意大利文艺复兴时期的文化》（1860 年）的巨大反响就足够了。布克哈特的例子绝妙地说明了我们所理解的"创造性的解释学"这个表述。实际上，他这本书不仅是 19 世纪大量历史学文献中一部令人肃然起敬的著作，对于 19 世纪的历史学意识的形成也大有裨益。它揭示一种在布克哈特之前并不显著的意大利文艺复兴的维度，从而以一种全新的"价值"丰富了西方文化。

解释学和人的改造

一种解释学将创造一种全新的文化，这个事实并不意味着它不是"客观的"。从某种观点看，我们可以将解释学比拟为科学的或者技术的"发现"。在发现之前，人们要去发现的

62 事早就已经在那里存在着,只是还没有看见或认识它,或者还不知道如何使用它而已。同样的,一种创造性的解释学揭示了人们此前还不掌握的意义,或者以极大的热情发挥其作用,以至于在吸收了这些新的解释之后,人们的意识就已经不再是原先的那个样子了。

总之,创造性的解释学改造人;它不仅是一种引导,更是一种属灵的技巧,善于修正存在本身的品质。这对于历史—宗教的解释学而言更是如此。一本好的宗教史著作理应在读者中掀起一种觉醒的运动——例如就像《论"神圣"》或者《论希腊诸神》那样。但是在原则上,每一种历史—宗教的解释学都应产生同样的结果。因为在阐述和分析澳大利亚、非洲或者大洋洲的神话和仪式,苏鲁支的赞美诗、道教经典或者萨满教的神话和仪轨时,宗教史学家揭示了某种现代读者一无所知或者很难想象的生存处境;和这些"异域的"世界相遇决不会毫无结果。

显然,宗教史学家本身将感受到其自身的解释性工作的结果。如果说这些结果并不总是明显的,那也是因为大多数宗教史学家将他们的材料中所充满的信息拒之门外。这种警惕性是可以理解的。人们难免会和这些"异域的"宗教形式,有时甚至是出格的而且经常是可怕的形式发生密切联系而遭受惩罚。但是许多宗教史学家最终不能认真对待他们研究的精神世界;他们退回自己的宗教信仰,或者托庇于唯物主义或行为主义,以避免任何一种灵性的冲击。除此之外,过度专门化令许多宗教史学家终身将自己拘泥于年轻时就已经习以为常的那些部分里了。每一次的"专门化"最终将宗教形式变得平淡无奇,终究抹煞了它们的意义。

　　虽然有着如许败绩,我们并不怀疑"创造性的解释学"终将被公认为是宗教史的一条康庄大道。只有到这个时候,它在文化中的作用才开始显示其重要性。这不仅是由于要理解一种原始民族的或外国的宗教或西方传统陌生的宗教形态的努力发现了新的价值——就像《古代城市》和《意大利文艺复兴时期的文化》所起到丰富文化的作用——而首先是由于这样一个事实,即宗教史能够为西方思想,确切地说是为哲学和艺术创造开启崭新的视野。

　　我们一再重复说:西方哲学不能永远封闭于自身的传统,不然就会陷于狭隘的危险。宗教史能够调查并阐述只有它才能得到的大量存在于世界的"有意义的传统"和模态。这不仅是一个提供"原材料"的问题,因为哲学家根本不知道如何处理这些与他们的行为和观念迥然有异的材料。[5]解释学的工作理应由宗教史学家自己来做,因为只有他准备理解并评价其材料的语义学的复杂结构。

　　但是确切地说,正是在这里,某些重大的误解已经发生了。那些为数不多的想要将他们的研究结果和在哲学范围的沉思综合起来的宗教史学家总是满足于模仿某些时髦的哲学家。换言之,他们迫使自己按照职业哲学家的模式进行思考。这实在是大谬不然。哲学家和文化人都不会对他们的同事及他们中意的作者的二手仿制品感到兴趣。在决心"像 X 那样去思考"远古时代的或东方的思想时,宗教史学家乃是割裂并误解了它。我们期待他去解读和阐述那些谜一般的行为和处境,总之,他将重新发现或者重新确立那些久已被遗忘的、受

63

到怀疑的或者被放弃的意义,从而推进对人类的理解。这些贡献的原创性和重要性显然在于这样一个事实,他们探讨并且阐述了诸种被淹没的、需要花大力气才能获得的精神世界。将远古时代的、异域的符号、神话和观念隐没在一种滥熟的现代哲学家的形式中,不仅是非法的,而且还是无效的。

宗教史与文化更新

尼采的榜样理应鼓励同时也可引导宗教史学家。正是因为尼采看来试图用恰到好处的工具阐述其思想,从而成功地更新了西方哲学。当然,这并不是说宗教史学家要仿效尼采的特立独行。他自由表达的方式才是应当予以强调的。当人们想要分析"原始人"的神话世界或者新道家的科仪,或者萨满教的入会礼等,他们根本不必借助当代哲学家或者心理学家、文化人类学家或者社会学家的方法。

因此我们有理由说,一种历史—宗教的创造性解释学将能够激发、培育和更新哲学思想。从某种观点看,可以通过对宗教史所揭示的全部内容加以考察,从而详尽地阐述一种全新的关于心灵的现象学是指日可待的。应当根据宗教史学家所掌握的材料,创作一批关于世界的现存模式,关于时间、死亡和梦幻的问题的力作。[6]哲学家、诗人和艺术批评家对于这些问题有着极其浓厚的兴趣。有些人已经阅读过宗教史学家的作品,已经利用他们的文献及其解释。如果说他们还没有从这些作品中获益,这并不是他们的错。

我们已经指出,宗教史引起了艺术家、作家和文学批评家的兴趣。不幸的是，宗教史学家和大多数学者及学问家一样，他们本身对现代艺术实验的兴趣仅仅是时有时无的，而且采取了一种私底的形式。有一种先入为主的观念，认为艺术不是"严肃的"，因为它们并不构成知识的工具。阅读诗人和小说家的作品，参观博物馆和展览会只是为了散心和休闲。这种偏见虽然所幸已经开始消失，但是却产生了一种抑制作用，其主要的后果就是造成学问家和科学家对现代艺术实验的不安、无知和怀疑。人们天真地相信，在连其语言都磕磕巴巴说不上来的部落里开展六个月"田野工作"就构成"严肃"的工作，从而推进人类的知识——同样，人们无视一切超现实主义和詹姆士·乔伊斯、亨利·米修（Henry Michaux）及毕加索对人类知识作出的贡献。

现代艺术实验有助于宗教史学家的研究，相反，一种名副其实的历史—宗教的解释也要求能够刺激艺术家、作家和批评家，不是因为在两者之间发现了"相同的事情"，而是因为人们遭遇到一种两者能够相互澄清自己的环境。人们不无兴趣地注意到，例如，在超现实主义者对传统艺术形式，攻击资产阶级的社会和道德状况的反抗中，他们不仅阐述了一种革命性的美学，而且构建了一种技术，希望借此改造人类的状况。有一些这样的"操练"（例如，努力参与到获得一种半梦半醒的"存在状态"或者努力去实现"意识和无意识的并存"）令人联想到某种瑜伽或者禅宗的修行。此外，人们从早期的超现实主义新锐，尤其是在安德烈·布列东的诗歌和理论宣言中解读出了一种对于"太初的整体"的怀恋、对具体地实现对立统一的渴望，以及能够消除历史以便以原初的力量和纯洁重新开始一切的期望——也就是宗教史学家所熟悉的那种乡愁和希望。

66　　此外,所有现代艺术运动有意识或者无意识地寻求破坏传统的美学世界,将"形式"还原为因素、胚胎、太初的状态,希望重新创造"新的世界";换言之,这些运动寻求取消艺术的历史并且重新回复到人们"第一次"看到世界的黎明时分。我们无须赘言,所有这些必然引起宗教史学家的兴趣,因为对于各种包含宇宙象征性毁灭和再造,以便周期性重新开始一种在新鲜、强大的以及丰饶的世界里"存在"的神话体系,这些宗教史学家是相当熟悉的。

　　在这里,问题并不是要发掘出现代艺术实验和宗教史学家熟悉的某种行为、符号和信仰之间的密切联系。尤其在美国,早在一代人之前,批评家们就已经用宗教史文献来解释文学作品。我们在另外一章强调(参见下文第 150 页)指出,文学批评家对符号和入会礼仪式的兴趣;实际上,他们已经理解此种宗教复杂体系对于阐述某些作品的秘密信息的重要性。确实,这不仅仅是同构现象学的问题;在文学中留存下来的入会礼范型和一种想象世界的结构相关,而宗教史学家不得不和过去存在的经验以及传统的风俗打交道。但是,在现代人的想象世界——在文学、梦幻和白日梦——中依然存在着入会礼的范型,这个事实引发宗教史学家更加注意思考其文献的价值。

抗　　拒

　　总之,宗教史明确其自身既是一种严格意义上的"教学法"，因为它能够改造人，又是"文化价值"创新的源泉，不管这些价值有着怎样的表达，究竟是历史文献的、哲学的抑或艺术的表达。可以预料，对宗教史的这种功能定位即使不会发生明显的争议，也会受到科学家和神学家的怀疑。前者会怀疑任何重估宗教的努力。科学家对西方社会令人头晕目眩的世俗化感到心满意足，对于那些在不同宗教形式中看见某些不同于迷信、无知，或者至多看见因着科学思想的进步和技术的高歌猛进而幸运地残留下来的心理活动、社会习俗以及意识形态的作者，科学家们更倾向于怀疑他们是否属于蒙昧主义或者患了思乡病。这些怀疑并不完全属于严格意义上的自然科学家，同样也为许多社会学家、人类学家和社会科学家所共有，这些人自己不是像人文主义者而是像博物学家那样对待他们所研究的对象。但是，必须大度地接受这种抗拒；在任何还能够完全自由发展的文化中，这是不可避免的。

至于神学家，他们的犹豫不决出于许多原因。一方面，他们非常怀疑历史—宗教的解释学会促成一种宗教的综合主义或者在宗教上的浅尝辄止，甚至更糟，引起人们怀疑犹太教—基督教启示的独一性。另一方面，宗教史最终可以预期实现文化的创造和人的改造。人文主义的文化对神学家和全体基督徒提出了一个令人困窘的问题：雅典和耶路撒冷有何共同之处？我们在此不想讨论这个仍令许多神学家着迷的问题。但无视这样一个事实也是毫无神益的——几乎所有现代哲学和意识形态都承认人在宇宙中有着特殊存在方式，必须要成为一个文化的创造者。不管从哪个出发点去寻求分析人的定义，不管是运用心理学、社会学还是存在主义的研究方法，还

是运用某种从经典哲学借来的标准,人们都会直接或间接地
将人刻画成文化(亦即语言、风俗、技术、艺术等)的创造者。
一切人的解放——在经济的、政治的及心理学上的——的方
法都以它们的最终目标而具有正当性,即将人从锁链或者他
的情结中解救出来,使他向精神的世界敞开自己,并且使他拥
有文化创造力。此外,对于不信教的人或者无信仰者而言,一
切神学家或单单基督徒认为属于文化范围内的异常事物——
信仰的奥秘、圣事的生命等,都属于"文化的创造"的范围。人
们不能否认其具有"文化事实"的特征,至少对于基督宗教经
验的历史表达而言是如此。许多当代神学家已经接受宗教社
会学的前提,也预备好接受技术的必然性。还存在一些文化
神学的事实也指出了当代神学思想运动的方向。[7]

　　但是摆在宗教史学家面前的问题有所不同,虽然未必一
定会和文化神学相抵牾。宗教史学家懂得,人们所称的"世俗
文化"在精神史上仅仅是比较新近的表现形式。起初,一切文
化创造——工具、风俗、艺术、意识形态等——都是一种宗教
的经验,或者有着宗教的理由或起源。这对于一个不是专家
的人而言并不总是显而易见的,因为他习惯于按照西方社会
或者伟大的亚洲宗教所熟悉的形式来想象"宗教"。人们不太
愿意承认,舞蹈、诗歌或者智慧从一开始就是宗教的;也难以
设想饮食男女、基本的工作(狩猎、捕鱼、农业等)、工具的使用
或者居住方式,同样都有神圣的参与。宗教史学家感到困惑
的一个难题就是他越是接近"起源","宗教事实"的数量就越
多。以至于到这样一种程度,在某些情形下(例如在古代或者
史前社会里),人们会问自己还有什么事物不是或者曾经不是

"神圣"或者和神圣没有联系的。

去神话化的假象

诉诸某种化约论的原则,并且例如通过证明宗教人(*homo religiosus*)的行为和意识形态只不过是无意识的投射,只不过是因为社会、经济、政治或者其他理由而升起的帷幕,从而将其去神话化,这是徒劳无益的,因为这样做毫无结果。在这里,我们遇到了每代人都会遇到的一个相当棘手的难题,只是其程度更甚而已。我们并不试图在这里用寥寥几行字来讨论这个问题,尤其是因为我们已经在先前的若干著作中作了探讨。[8]然而我们要回顾一个具体的事例。在一些传统的远古文化中,村庄、庙宇或房屋被认为处在"**世界中心**"。让读者注意到这样一个事实——即根本不存在这样的**世界中心**,或者不管怎样,这样的中心为数众多,自相矛盾,因而是一个荒谬的想法,从而将此种信仰"去神话化",这是毫无理由的。相反,只有认真地对待这种信仰,澄清其所有宇宙观的、仪式的和社会的意义,才能成功地理解一个相信自己处在**世界中心**的人的存在处境。他的一切行为方式,他对于世界的理解,他赋予生命和自身存在的价值乃是基于在他的房屋或者村庄位于**世界之轴**(*axis mundi*)附近的信仰之上而形成并且得到阐述的。

我们已经引用这个例子以说明去神话化的过程对于解释学毫无助益。因此,远古的人类行为充满着宗教的价值,不管其理由何在,对于宗教史学家而言,重要的在于这样一个事实,即这些行为确有宗教的价值。这就是说,宗教史学家承认,人类历史具有一种精神的统一性的基础;换言之,在研究澳大利亚土著、吠陀时代的印度人或者其他任何种族团体或者文化体系时,宗教史学家就不会有一种感觉,好像自己移植到了一个极度"异域"的世界。当然,人类的统一性,事实上在例如语言学、人类学、社会学等其他学科事实上已经得到广泛的接受。但是宗教史学家具有在最高的——或者说在最深刻的层次上把握这种统一性的优势,而这种体验可以丰富它并且改造它。今天,历史正首次变成真正意义上的世界史,文化也正在"全球化"。自石器时代到当今的人类历史注定要在人文主义的教育中占有中心地位,无论当地的或者民族的究竟如何对它加以解释。宗教史在这种迈向文化的全球化(planétisation)的努力中扮演至关重要的角色;它可以对普遍文化的阐释作出贡献。

　　当然,所有这些并不会一蹴而就。但是,只有宗教史学家意识到自己的责任,换言之,只有他们摆脱过去五十年来低人一等的情结、胆怯及被动,宗教史才能够担当此等角色。提醒宗教史学家必须创造性地作出文化贡献,他们没有权利只创造文集,不创造文化价值,这并不是说要他们做一些轻率的综合和匆忙的概括。罗德、佩塔佐尼以及范德莱乌,而不是某些功成名就的记者,才是人们需要深思的典范。不过,宗教史学家如果希望尽早更新此项学科,他的立场及其学科就应当有所改变。如果宗教史学家不去尝试把他们的研究整合进当代文化的源头活水,"概括"和"综合"的工作,半吊子、业余爱好者和记者就会越俎代庖。或者说,更加不幸的是,如果不是从宗教史学的视角去开展一种创造性的解释学,我们将继续屈从于一种由心理学家、社会学家或者其他各种化约论拥戴者们对宗教现实做出的鲁莽而不相干的解释。在一两代人里,我们还将阅读各种作品,根据童年创伤、社会组织、阶级冲突等去解释宗教。当然,这些著作以及那些半吊子和各种化约论者所写的著作将继续问世,也许还会取得同样的成功。但是,如果除这些著作外,出现由宗教史学家撰写的某些负责任的著作,那么整个文化环境就会发生变化。(可以理解,前提是这些著作不是在出版商的要求之下创作的拼凑、应景之作,有时在非常令人尊敬的学者身上还是会发生这样的事情。显然,和"分析"之作一样,"综合"之作也屈从于拼凑。)

在我看来,宗教史学家和我们一样生活在一个历史的重要关头,但他们竟然并不关注他们的学科可能具有的创造性,这真是难以置信。如何在文化上吸收非洲、大洋洲、东南亚向我们开启的精神世界呢? 所有这些精神世界都有宗教的起源和结构。如果人们不是按照宗教史的观点加以研究,它们作为精神世界就会消失;它们将被化约为关于前殖民时代和殖民时代历史上的社会组织、经济统治等等。换言之,它们将不会被当成一种精神创造而得到理解,将不能丰富西方和世界的文化——它们将有助于增加已经十分惊人的文献的数量,这些文献分类储藏在档案馆里面,期待用电子计算机来管理它们。

当然,这一次宗教史学家也许还会过分胆怯而将解释这些精神世界(呜呼! 它们也许已经发生令人目眩的变化,而且甚至已经消亡)的责任委托给其他学科,由此铸成大错。也许

71

由于各种原因,宗教史学家宁可固守他们原先接受的从属境地。要是这样,我们就必须期待缓慢但无可挽回的解体,作为一门独立学科的宗教史最终消失。于是,在一两代人里,我们在罗马宗教史研究中将只拥有一些拉丁文的"专家",在诸印度宗教研究中将只拥有一些印度语言"专家"等等。换言之,宗教史将会永远支离破碎,这些碎片将重新为各种如今仍在作为宗教史的文献资源而滋润着这门学科的"文字学"所吸收。

至于那些引起普遍兴趣的问题——例如神话、仪式、宗教符号、死亡的概念、入会礼等等——将由社会学家、人类学家、哲学家去探讨(而且从我们的研究一开始就一直如此,尽管并不是代表全部)。但是这就导致我们说,宗教史学家潜心研究的问题本身将不会消失;只是说,它们将从其他角度、以不同方法、根据所追求的不同目标加以研究。作为一门独立学科的宗教史,由于其消失而造成的缺位将无从得到填补。但是,我们的责任却依然沉重。

注　释

[1]　当代禅宗的流行主要是由于铃木大拙不懈的学术活动所致。

[2]　我们之所以援引这些作者,是因为他们预见到了宗教史是一门"整体科学"。但是这并不是指我们赞同他们的方法论前提,或者他们个人对宗教史的评价。

[3]　诚然鲁道夫·奥托和赫拉尔杜斯·范德莱乌成功地唤醒了见多识广的公众对于宗教问题的兴趣。但是他们的例子比较复杂,因为并不是以宗教史学家的身份,而是通过他们令人尊敬的神

学家的身份以及宗教哲学家的身份而产生影响的。

［4］ 我们已经多次讨论过这个问题，最近一次是在我们的著作
Méphistophélès et l'Androgyne，巴黎，1962 年（英译本，1965 年）。

［5］ 我们只要考察一下少数对神话和宗教符号等问题感兴趣的哲学
家是如何处理他们从民族学家或宗教史学家那里借鉴来的材
料，以便拒绝这个（虚幻的）劳动分工就足够了。

［6］ 首先迫切需要纠正诸多迄今仍然阻碍着当代文化的陈词滥调，
例如，费尔巴哈和马克思将宗教解释为异化。众所周知，费尔巴
哈和马克思宣称，宗教使人远离人间，阻碍他成为完善的人类，等
等。但是，就算这样一种对宗教的批判是正确的，那也仅仅是适
用于晚出的宗教形式，例如后吠陀时代的印度宗教或者犹太—
基督教——亦即那些"来世"的因素占据重要地位的宗教。人与
人间的异化和疏远在一切宇宙论类型的、"原始人的"以及东方宗
教里是不存在的，甚至是不可想象的；就此（亦即对于在历史上已
经为人所知的绝大多数宗教）而言，宗教生活恰恰包含对于人与
生命和自然的统一性的高扬。

［7］ 最近的"反文化"危机不应引起我们太大的兴趣。接受或者拒绝
文化构成了思想史辩证的运动。

［8］ 例如，参见《想象与符号》（*Images et Symboles*，巴黎，1952 年），第
13 页以下［英译本：*Images and Symbols*（纽约，1961 年），第 9 页以
下］；《神话、梦幻和神秘》（*Mythes，rêves et mystères*，巴黎，1957
年），第 10 页以下［英译本：*Myths，Dreams and Mysteries*（纽约，
1960 年），第 13 页以下，第 106 页以下］；《摩菲斯托菲勒斯和双
性同体》（*Méphistophélès et l'Androgyne*），第 194 页以下。

第五章 宇宙诞生的神话
和"神圣的历史"*

现存的神话和宗教史学家

一个宗教史学家在研究神话问题时总是心怀敬畏和战栗。不仅是由这个最初令人困惑的问题所导致的：究竟神话是用来干什么的？还因为给出的答案主要有赖于学者选择怎样的文献。从柏拉图到丰特内尔（Fontenelle）[1]到谢林和布尔特曼，哲学家和神学家已经提出无数个关于神话的定义。但是所有这些定义都有一个共同之处：它们都是以希腊神话的分析为基础。如今，对宗教史学家而言，这个选择并不是令人感到十分快慰。诚然，只有在希腊，神话启发并引导史诗、悲剧和喜剧以及雕塑艺术的发展；但是同样可以确切地说，只有在希腊文化中，神话得到长期而深刻的分析，神话已经极大地被"去神话化"了。如果说在欧洲的每一种语言里，"神话"一

---

* 本章首次发表于《宗教研究》1967年第2期，第171—183页，有修改和补充。《宗教研究》上的文章系1966年9月2—6日在日内瓦召开的"法国哲学和语言学会"第8届会议上的一次公开演讲的英文翻译，略有修改。因此有口语的风格。

词都是指"虚构"的话,这正是因为希腊人早在二十五个世纪之前就已经这样宣布了。对于宗教史学家而言,甚至更为严重的是:我们并不知道一个希腊神话的仪式内容。当然,原始东方和亚洲宗教的情况并非如此;所谓原始宗教的情况尤其不是如此。众所周知,一种活的神话总是和一种崇拜仪式相联系的,激发一种宗教行为的灵感并证明其正确性。当然这绝不是说不可以将希腊神话包含在神话现象的研究范围之内。但是从希腊文献开始我们的研究似乎是不够明智的,若是我们的研究仅仅局限于这些文献则是更加不明智的。荷马、赫西俄德以及悲剧诗人所得到的神话实际上是经过遴选和解释的古代材料,有的已经不可理解。总之,我们理解神话思想的结构的最佳机遇就是要研究"活着的"神话,它构成了宗教生活的基础;换言之,凡是在神话还远远没有表明其已经成为一种虚构的地方,都可以视之为很好地揭示了真理。

人类学家在过去的一个半世纪里所做的事情就是关注"原始人的"社会。我们在此不能一一评论安德鲁·朗、弗雷泽、列维·布留尔、马林诺夫斯基、里恩哈特或者列维·斯特劳斯的贡献。有些人类学家的研究成果我们在下文还要提到。然而我们必须补充的是,宗教史学家经常不满足人类学家的研究方法以及他们得出的一般性结论。由于多数作者都反对过分关注比较方法,但他们都忽略了用其他神话,例如古代近东的神话——首先是美索不达米亚和埃及的神话、印欧神话——特别是古代和中世纪印度那宏伟而丰富的神话以及晚近突厥—蒙古民族、藏族及东南亚各民族神话的严谨研究来补充他们的人类学研究。由于局限于"原始人"神话的探

73

索,可能造成一种印象,好像在远古思想和那些在古代历史上扮演重要角色的古代民族之间毫无联系。现在我们知道,不存在这样一种连续性的中断。不仅如此,局限于研究原始社会,我们就不能探讨神话在复杂和高度发展的宗教中的作用。只要举一个例子就可以了,我们如果忽视了保存在《巴比伦史诗》(*Enuma Elish*)和《吉尔伽美什》(*Gilgamesh Epic*)中的宇宙诞生神话和起源神话,就不能理解美索不达米亚文化的宗教及其普遍风格。在每一个新年里,《巴比伦史诗》中叙述的重大事件将仪式性地得到再现;在每一个新年里,世界都必须得到重新创造——而这种必要性解释了美索不达米亚思想中的一个深层维度。此外,人类起源神话至少部分地展示了美索不达米亚文化的悲剧世界观和悲观主义特征:人类是马尔都克用泥土也就是用太初的怪物提阿马特(Tiamat)的身体和魔首金古(Kingu)的鲜血抟成的。这个神话清楚地表明马尔都克创造人类是为了诸神可以得到人类劳动的供养。最后,《吉尔伽美什》同样表现了悲观主义的观点,它揭示了人类为什么不会也不能获得永生。

这就是为什么宗教史学家更加倾向于他们的同事——佩塔佐尼或者赫拉尔杜斯·范德莱乌——的研究路径,甚至是某些比较人类学领域中的学者如阿道夫·杨森(Adolf Jesen)或鲍曼(H.Baumann)的研究路径,他们研究神话创造性的所有范畴,包括原始人的,以及有着高级文化的民族的神话。尽管并不总是赞同他们的研究结论,至少肯定,他们的材料收集涵盖范围极为广泛,足以对它们进行卓有成效的概括。

但是由于材料不充分造成的分歧,并不是造成宗教史学家

与其他学科同事们之间难以展开对话的唯一困难。正是研究
路径的差异使宗教史学家与人类学家和心理学家分道扬镳。
宗教史学家深刻意识到其文献在价值论上的（axiological）差
异，不能将它们放在同一个层面。既然意识到这种细微差异
和区别，他便无法忽视实际上存在着重要的神话和次要的神
话，即在宗教中占据主要地位的神话和表现宗教特征的神话，
以及重复的、实践性的次要神话。例如，《巴比伦史诗》就不能
和女魔拉玛丝图（Lamashtu）的神话放在同一个层面上；波利
尼西亚人的宇宙诞生神话和某种植物的起源神话的重要性有
所不同，因为它要先于后者而且是它的范型。这种差别在人
类学家或者心理学家看来并不重要。例如，一个关注研究 19
世纪法国小说的社会学家或者一个对于文学想象深感兴趣的
心理学家在论起巴尔扎克和欧仁·苏、司汤达或者于勒·桑
多（Jules Sandeau）时，可以对他们的艺术作品毫不在乎、毫无
敬意，但是对一位文学评论家而言，这种等量齐观的做法是不
可想象的，因为这消解他自己的解释学原则。

　　也许在一两代人之内，甚至更短的时间，从澳大利亚、非
洲或美拉尼西亚部落社会的后代中涌现出一些宗教史学家，
我毫不怀疑他们首先将谴责西方学者对于他们本土价值的重
要性的淡漠。很难想象有这样一部希腊文化史，其中荷马、悲
剧诗人和柏拉图被毫无声息地予以忽略，而阿耳忒弥多罗斯
（Artemidorus）的《梦幻之书》和埃美撒的赫利奥多罗斯（He-
liodorus of Emessa）的小说则有许许多多评注，好像这些著作
能够更好地展现希腊天才的特性并有助于我们理解希腊的命
运。还是回到我们的主题，我认为，如果我们不去考虑神话的

整体,同时考虑这些神话或隐或显地宣称的价值意义,则我们
无法把握那个以该神话为基础的社会的结构和功能。

每当我们接近一个仍然活着的而不是一个已经被同化的
传统,有一件事情从一开始就会令我们吃惊不已:神话不仅一
如既往地构成该部落的"神圣历史",不仅解释了整个现实而
且论证其中存在的矛盾的合理性,而且揭示了所叙述的一系
列重大事件的结构。一般而言,可以说任何神话都讲述某种
事物、世界,或者人类,或某种动物,或者社会机构等是如何创
造出来的。但是,由于世界的创造先于其他任何事物,宇宙诞
生就享有特殊的优先地位。事实上,正如我在其他地方所试
图证明的那样[2],宇宙诞生的神话为其他一切起源神话充当
了范型。动物、植物或者人类的创造都是以世界的存在为前
提的。

当然,世界创造的神话并不总是像印度或波利尼西亚神
话,或《巴比伦史诗》中叙述的神话那样,是一种严格意义上的
宇宙诞生神话。例如在澳大利亚大部分地区,就不存在这样
一种宇宙神话起源神话。但总是有一个描绘世界起源的核心
神话,也就是说,在世界成为今天这个样子以前发生了什么。
因此,总是有一种太初的历史,这个历史有一个开端:一种真
正意义上的宇宙诞生神话,或者描述处在最初的、胚胎阶段的
世界的神话。这个起点总是暗含在那些讲述在宇宙诞生之后
发生的诸多虚构事件的神话片断中,即有关植物、动物、人类
的起源,以及婚姻、家庭、死亡等起源的神话。总之,这些起源
神话构成了一段一以贯之的历史。它们揭示了宇宙如何形
成、变化,人类如何创生、如何有男女之别,以及如何要被迫劳

作而求得生存；它们还展示了超自然存在和神话祖先的所作所为，为何抛弃世俗而隐遁。我们还可以说，任何仍然具有完整形态的神话不仅包含一种起点，而且还包含终结，这个终结取决于超自然的、文化的英雄或者祖先的最近显现。

此种由具有重大意义的整体的神话整合而成神圣的太初历史，由于它解释并论证了世界、人类及社会的存在，因此是必不可少的。正因如此，一个神话同时也被视为一段真实的历史；它讲述了事物如何存在，为人类的行为提供了范式和证明。这样人们就理解了人为何物——会死的、有性别——以及如何来到世上，因为神话讲述了死亡和性别如何产生。人们从事某种类型的狩猎或者农业，取决于神话所讲述的文化英雄传授其祖先以怎样的技艺。我在其他一些作品中一直坚持主张神话具有的这种范式性功能，在此就不再重复我的观点了。

尽管如此，我还想进一步阐述并完善我已经论述过的内容，主要涉及保存在一些著名神话中的我所谓的神圣历史。然而说起来容易，做起来难。我们遇到的第一个问题就是材料。要恰到好处地分析和解释一种神话或神话主题，就必须考察全部现有的资料。但是这在一篇文章中是做不到的，甚至在一本专著中也无法做到。克洛德·列维-斯特劳斯为了分析一组南美神话写了 300 多页文字，而且他还把火地岛和其他相邻民族的神话都放在一边，将精力主要集中在亚马逊人的起源神话。因此我必须将自己限制在论述一两个典型的事例。我将主要考察原住民的神话中看上去具有本质意义的元素。当然，这种概述似乎也太长了。我不能仅仅止于提到这些神话而已,就像我对待《巴比伦史诗》或者希腊或者印度神话那样。此外,任何评注都是以文字学为基础的。对我想到的神话提出一种解释却不提供一点文献,是不得要领的。

一个宇宙诞生神话的意义和功能

我的第一个例子是婆罗洲的恩加久·达雅克人的神话。我之所以选择它是因为已经有了一部堪称经典的著作:汉斯·夏莱尔(Hans Schärer)所著《南婆罗洲恩加久·达雅克人的神灵观念》(莱顿,1946 年)。[3]这位不幸英年早逝的学者曾多年研究这些民族。他收集的神话文献,如果印刷出来将超过 12 000 页。汉斯·夏莱尔不仅掌握这些民族的语言,充分了解他们的风俗习惯,而且他理解达雅克人的神话结构及其在达雅克人生活中的作用。如同其他诸多远古时代的民族一样,在达雅克人看来,宇宙诞生神话揭示了世界和人类意义非凡的创造,与此同时,也揭示了掌控宇宙过程以及人类存在的原理。要想理解在一个远古时代民族的生活中每一个事物之间联系是多么紧密,每个神话又是如何衔接,然后将自己编织成为一部神圣的历史,在每一个社团的生活及每一个人的存在中是如何不断获得揭示的,一定要读这本书。通过宇宙诞生的神话及结局,达雅克人逐渐揭示了现实的结构及其自身存在的模式。在开端发生的事情同时描述了每一个人最初的完美状态以及其命运。

78　　这个神话是说,起初,宇宙整体是含在一条缠绕的水蛇口中,没有分开。后来有两座山升了起来,它们不断碰撞,宇宙逐渐形成了现在这个样子：有云，有山，有太阳和月亮，等等。这两座山乃是两位大神的宝座，又是这两位神本身。他们化身为人类，不过仅仅是在创造的第一阶段才是这样。两位化身为人的大神，马哈塔拉（Mahatala）和他的妻子普蒂尔（Putir）致力于宇宙的诞生，他们造天、造地，可就是没有创造天地之间的世界及居住在这个世界上的人类。创世的第三个阶段是由一公一母两只犀鸟完成的，它们其实就是这两位至上神。马哈拉塔在"中心"种上了一棵生命树，两只犀鸟飞到这棵树上，最后在树枝上相遇。这两只犀鸟激烈地厮打起来，生命树也几乎被毁。从树瘤及母犀鸟喉咙里面的苔藓中诞生出一对少男少女，他们就是达雅克人的祖先。生命树最终被毁，这两只犀鸟也双双殒命。

总之，在进行创世的工作期间，这两位神灵显现为不同形式：宇宙（两座大山）、人形（马哈拉塔和普蒂尔）、兽形（犀鸟）。但是这些两极显现只是代表了神灵的某个方面。同样重要的是，神作为一个整体的显现：例如太初的水蛇和生命树。整体——夏莱尔称之为神性/矛盾的整体——构成了达雅克人宗教生活的基本原则，在不同的背景下反复颂扬这种整体。对于达雅克人而言，可以说每一种神圣的形式都包含了与其本身旗鼓相当的对立面：马哈拉塔就是他的妻子，反之亦然，而水蛇也就是犀鸟，反之亦然。

宇宙诞生的神话使得我们可以理解达雅克人的宗教生活，以及他们的文化和社会组织。世界是两种原则的斗争而产生，在这种斗争的过程中，生命树——亦即它们的具体表现——被摧毁了。"但是从毁灭和死亡中孕育了宇宙和新的生命。新的

79 创造从整体的神性的死亡中诞生了。"[4]在最重要的宗教仪式中——诞生、成年礼、婚姻和死亡——人们不厌其烦地诉说着这种创造性的抵牾。事实上,达雅克人眼中视为有意义的东西,都是以宇宙诞生神话所讲述的事件为范式性的摹本,都是它们的重复。村庄和房屋再现了宇宙,而且据说位于世界的中央。典型的房屋就是一个宇宙的缩影(imago mundi):它建造在水蛇的背脊上,它的尖顶象征着马哈拉塔登基的原始山峰,而一把伞则代表生命树,枝桠上可以看见两只神鸟。

在婚礼上,夫妻二人返回神话的太初时代。这种返回通过新婚夫妇紧紧拥抱生命树的复制品而表现出来。夏莱尔被告知,拥抱生命树便意味着与它融为一体。"创世就是人类的第一对夫妻从生命树中创造出来。"[5]诞生也和原始的时间有关联。孩子诞生的房间象征性地处于太初之水。同样,年轻姑娘举行成年礼,要守在封闭的房间里面,被想象成处于太初的海洋。年轻姑娘下到冥界并且经过一段时间做出水蛇的样子。她作为一个新人而回到这个世界,开始一种新生活,既是社会性的也是宗教性的新生活。[6]死亡同样也被想象成通向一种崭新的更加富足的生活。死者回到太初时代,他的神秘之旅在他棺材的形状和装饰表现出来。事实上,棺材的形状像一条船,两侧画有水蛇、生命树、太初的大山,也就是说画着宇宙的/神圣的整体。换言之,死去的人回到起初存在的那种神圣的整体。

在每一次危机的关键时刻,在每一个通过仪式(rite de passage)里,人们再次重演太初(ab initio)世界的戏剧。共演出两次:(1)回到太初的整体,以及(2)重复宇宙的诞生,也就是

说,打破原始的统一性。在每年的集体庆典中还要进行同样
的演出。夏莱尔指出,每年年末意味着一个时代的终结,也是
一个世界的终结[7];这些庆典清楚表明,回归到前宇宙时代,
回归到显现为水蛇及生命树的神圣整体。事实上,这段被称
作希拉特·尼洛(helat nyelo,"年与年之间的时间")的极其神
圣的时期,要在村里竖起生命树的复制品,所有人都回到原始
(亦即宇宙诞生之前)的时代。规则和禁令暂时被搁在一边,
因为世界不再存在。在静候新的创世到来的时候,整个社团
住在神的附近,或者更确切地说,住在整个原始的神性里面。
年与年之间的这种狂欢并未掩盖其神圣性。正如夏莱尔所
言,"没有什么失序的问题(即使在我们看来确是如此),而是
有着别样的秩序"[8]。狂欢的举行和神圣的诫命是一致的,那
些参与其中的人重新获得了完整的神性。众所周知,在许多
其他宗教里,原始的宗教也罢,历史时期的宗教也好,周期性
的狂欢被视为获得完美整体的绝妙工具。它构成了一种新的
创世得以发生的完美的整体——达雅克人如此,美索不达米
亚人也是如此。

太 初 和 整 体

即使从浩如烟海的材料中撷取这份不完整的概要,也足
以使我们理解宇宙诞生神话在古代社会的作用。这个神话解
释了达雅克人的宗教思想的深刻和复杂。正如我们已经看到
的那样,个人与集体的生活具有一种宇宙论的结构(cosmol-
ogical structure):每一个生命都构成了一个循环,它模仿着世

界永恒的创造、毁坏和再创造。这样一种观念并不局限在达雅克人，或者同类文化的民族。换言之，达雅克神话向我们揭示了一种超越其种族范围的意义。这个神话中令人吃惊之处在于，它赋予了太初的整体以极其重要的意义。几乎可以说，达雅克人痴迷于神圣的两个方面：太初和整体。这并不是指他们轻视创造的工作。在达雅克人的宇宙和生命的概念里，全无印度人或者诺斯替派的悲观思想。世界因神圣而善、而有意义，它来自生命树，也就是说，来自完整的神性。只有太初的整体，其神性才是完美无缺的。如果宇宙必须周期性地破坏和再造，那么它并不是因为第一次创造没有成功，而是因为它只是创造之前的一个阶段，意味着一种在创造的世界所不能及的丰富和福乐。另一方面，神话指出了创造的必然性，也就是打破原始统一性的必然性。最初的完美周期性地得到重新整合，但是这种完美总是变动不居的。达雅克神话宣告，此种创造——以及创造所带来的一切：人类的存在、社会、文化——绝不能离弃。换言之，一种"神圣的历史"发生了，这种历史必须通过周期性的重复而获得永恒。将实在固化在其胚胎状态，如同在一开始那样淹没在太初的神圣的整体里面，是不可能的。

此种赋予作为一切人类历史的基础和模式的"神圣的历史"的不同寻常的价值，是极其重要的。将价值赋予神话，在许多其他民族中都可以找到，尤其是在古代近东和亚洲神话中。如果我们完整地考察一个神话，就会发现某个特定民族对其神圣历史的判断。每一个神话都表现出前后相续的、连贯的一系列太初的事件，但是不同民族以不同方式对这些重

81

大行为作出判断,对其中一些赋予重要意义,而对其他一些不予理睬,甚至彻底忽略。如果我们分析意味着疏远造物主,以及他逐渐转化为所谓退位神的神话的内涵,便会注意到一个相似的过程,包括相似的选择和判断:在一系列太初的创造性事件中,只有其中的一些,尤其是那些对人类生活至关重要的事件,才能够得到人们的赞美。换言之,那些构成神圣历史的一系列连贯的事件持续不断地被记住和赞美,而之前的阶段,亦即在这神圣历史以前的一切——尤其是那崇高的、独一无二的造物主——则逐渐地退隐了。即使高位神仍然为人所记住,但也只是知道他创造了世界和人类,仅此而已。这样的至上神在完成其创造之后似乎就终结了他的作用。他在祭祀仪式中几乎没有位置,他的神话越来越少,甚至非常平淡无奇,在他还没有完全被遗忘之时,只有遇到极其不幸的情况,在其他神灵证明没有作用的时候,人们才去祈求他。

82

"大父"和神话祖先

原始神话给我们上的这一课特别有启发。不仅表明人在朝向生命和丰产之神的时候,似乎也变得越来越实在化了,而且还表明早期人类已经通过他们自己的方式呈现出一种历史,在这历史里,他既是中心又是祭品。他的神话祖先所遭遇的一切在他看来,比在他们出现之前的事物更加重要。人们可以用无数的例子来证明这一过程。我在之前的著述中已经讨论了一些这样的神话。[9]但是现在我要考察一个过去半个世纪里在人类学家、社会学家和心理学家中大为流行的民族的神话传统,即澳大利亚中部的阿兰达(Aranda)部落。我将只引用著名传教士卡尔·斯特罗(Carl Strehlow)之子斯特罗(T.G.H.Strehlow)搜集的材料[10],前者的著述在杜尔克姆时代就曾引起热烈讨论。我认为我选择了在世的最好的权威,因为斯特罗的第一语言就是阿兰达语,他广泛研究这些部落长达三十年。

阿兰达人认为,天空和大地总是存在着的,上面住着超自然的存在。天空里有鸸鹋脚的男人与他的妻子和孩子:他是"大父"(knaritja),又号称"长生不老"(altjire nditja)。所有这些超自然的存在生活在一片常青大地上,鲜花盛开,瓜果满地,银河穿越其间。他们青春常在,大父看上去和他的孩子一样年轻。他们和星星一样长命百岁,因为死亡不进他们的家。

斯特罗认为,不能将这鸸鹋脚的大父当作超自然存在,就像类似于澳大利亚南部的天神那样。实际上,他没有创造或者形成大地,没有创造植物、动物、人类或者图腾祖先,也没有启发或掌控祖先的行为。大父和其他天上的居民对于地上发生的一切都没什么兴趣。作恶者必然害怕的,不是天上的大父,而是图腾祖先的愤怒以及部落权威的惩罚。因为,正如我们很快就会看到的那样,所有创造性的和有意义的行为都是生在大地上的图腾祖先所为。总之,在这里可以看到天神成为退位神的巨大变化。下一步只能是他最终变得完全默默无闻。这大概在阿兰达人的西部边界的确发生过,斯特罗在那里并没有发现任何和天神相当的信仰。

尽管如此,仍然有某些明显特征,使得这位退隐的、超脱的大父和永远的年轻人在至上神的范畴内占有一席之地。首先,他年轻、永生、快乐;而且在图腾英雄中具有本体论的优先性(ontological anteriority);实际上,早在大地上的图腾祖先出现之前,他就一直高居天庭了。最后,天空所具有的重要宗教意义也是众所周知的:例如,在某些登上天庭、征服诸神的英雄神话里,在连接天地的大树或天梯的神话里,尤其是在阿兰达人中广为流传的死亡就是人和天的联系被粗暴切断的信仰里面都是如此。斯特罗提到了各种关于连接天地的梯子的传说,他描绘了那些传说中的某些神话祖先借以登上天庭巨树的地方。在许多其他的远古传统中也可以找到类似的信仰,在那些叙述天地之间的交通被切断、诸神退回至高的天庭成为退位神的神话里尤其如此。从那以后,只有很少一些特别幸运的人——英雄、萨满、巫医——才能登上天庭。我们不知道对于这个神话主题,阿兰达人究竟熟悉到何种程度。但事实是,虽然天神和阿兰达人之间互不关心,但在一个登上天庭、征服死亡的强烈记忆里,天在宗教上的特殊地位继续存在。人们可以从这些神话碎片中解读出对于一种永远失去的太初境界的某种乡愁。

不管怎样,以天上的大父为表现形式的太初状态(primordium)对于阿兰达人而言并没有任何直接的意义。相反,阿兰达人似乎只对地上某个时刻发生的事情有兴趣。这些发生事情可谓意义深远;也就是说,在我们的术语中,它们具有宗教价值。实际上,在神话时代亦即"梦幻时代"发生的事件都是宗教的,因为它们构成了范式性的历史,人类必须仿效它、重复它,以便确保世界、生命和社会的延续。

大父及其家族住在天空天庭一般的地方,不对任何人负责,而自无人记得的漫长年代起,在大地上存在着众多异形的、未成熟的、长到一半的孩子。他们不能长成独立的男人或女人,但是也不会衰老和死亡。实际上,大地上既无生命,也无死亡。生命存在于大地之下,他们是成千上万沉睡的超自然生物。他们不是被创造的[事实上他们被称作"从永恒自生的"(altijirana nambakala)]。终于有一天,他们从睡眠中醒来,冲出地面。他们的出生地充满着他们的生命和力量。其中一个超自然的存在体就是太阳,它从大地升起来的时候,大地便流溢着光明。

这些来自地下的存在形态各异,有些是动物,其他则是男人和女人。但是他们都有一个相同之处:那些半人半兽的存在像人类一样行为和思想,而人形的存在能够随意变形为某类动物。这些来自地下的通常被想象成为图腾祖先的存在开始在地球表面游荡,修整大地,形成澳大利亚中部的景观,使之具有现在的特征。确切地说,这些工作恰好就是一种宇宙的诞生:祖先并不是创造大地,而是使预先存在的原始物质(materia prima)具备形式。人类的诞生则重复了宇宙的诞生。有些图腾祖先扮演英雄的角色,剖开未成熟的聚合体,撕开他们的手指和脚趾上的筋络,切出他们的耳朵、眼睛和嘴巴,使他们具有了人的形象。另外一些文化英雄则教导人类如何制造工具、取火和烹调食物,还向他们揭示社会的和宗教的习俗。

完成了这些工作后,祖先们极度疲劳,便沉入大地,或者变成岩石、树木或者礼器(tjrunga)。和诞生之处一样,他们最后的休憩之处也被视为最神圣的中心,都用同样的名字 pmara kutata 命名。但是,宣告太初时代终结的祖先的消失并不是最终的。他们虽然重新沉入地下的住所,但仍然看顾着人类的一举一动。此外,祖先将一直转世;正如斯特罗所证明的那样[11],每一个个体的永生灵魂代表着祖先生命的一个微粒。

祖先在大地上游荡,这样一种重大时刻对于阿兰达人而言,不啻于一个天堂时代。他们把刚形成的大地想象成为天堂,各种动物易于捕获,水和果子极其丰富,但是祖先并不受制于那些生活在有组织社团里的人类所不可避免的各种压制和挫折。[12]这个太初的天堂如今仍然萦绕在阿兰达人心中。在一定意义上,人们可以将仪式性的狂欢——那时所有的禁令都束之高阁——解释为暂时性地回归到祖先们的自由和福祉。

这种既是一段历史也是一种启蒙的人间与天堂的太初性,令阿兰达人心驰神往。正是在这个神话时代,人类成为今天这个样子,不仅因为他在那个时候得到祖先的形塑和指导,更因为他必须不断重复他的祖先从前(*illo tempore*)所做的一切。这些神话揭露了这一神圣而富有创造性的历史。此外,通过成年礼,每个年轻的阿兰达人不仅获知最初(*in principio*)发生了什么,而且最终发现,他自己已经在那里了,他多少还参与了那些荣耀的事件。成年礼创造了一种记忆(*anamnesis*)。在仪式的最后,举行成年礼的年轻人发现,那个在神话中刚刚与他交流的英雄正是他自己。他看到了一件神圣并受到严密保管的礼器(*tjurunga*),一个老人告诉他:这礼器就是你自己的身体!——因为那个圣物代表一个祖先的身体。这种戏剧化地揭露个体就是永恒祖先的转世并指出两者之间的身份关系的过程,堪与《奥义书》的梵我一如(*tat tvam asi*)相提并论。这种信仰体系并不是阿兰达人独有的。例如,在澳大利亚东

86

北部,当一个翁纳巴人(Unambal)在岩壁上再次描画翁吉纳
(Wonjina,相当于中澳大利亚人的图腾祖先)时,他说:"我现
在要更新并鼓励自己;我要再画一次,好让雨水降临。"[13]

对于不可避免的死亡——它因大地和天堂的交流遭到粗
暴破坏所致——阿兰达人则以一种轮回理论作出解答,由于
祖先——亦即他们自己——据说将永远死而复生。因此可以
区分出两种太初性,相应地也有两种乡愁:(1)普通人无可企
及的天上的大父和天上的神仙所代表的太初性(*primordium*);
(2)伟大的祖先时代,那时生命本身以及尤其是人类生命就是
在那个时期诞生的。对第二种太初性所代表的人间天堂,阿
兰达人充满了向往。

两 类 太 初 性

这样的过程也可见诸其他宗教,即使在最复杂的宗教里
也不例外。例如,我们可以举出由提阿马特的太初性,向马尔
都克的胜利所代表的创造的太初阶段的过渡,以及伴随而来
的宇宙诞生、人类诞生,以及一种新的神圣制度之建立。或者
我们也可以将乌剌诺斯(Ouranos)的太初性和宙斯至高无上
性的确立加以比较,或是指出从几乎被人遗忘的特尤斯
(Dyaus)向缚噜拏(Varuṇa)的过渡,以及向后来因陀罗
(Indra)、湿婆(Shiva)和毗湿奴(Vishnu)至上权威的过渡。也
许可以说,在所有这些例子中都提到了新世界的建立,即使没
有提到真正意义的宇宙诞生。但往往一个新的宗教世界的出
现似乎总是要与人类的状况发生更为直接的联系。

这种以人类生存的太初性取代相当思辨性的太初性,其重要意义就在于,这个过程代表了神圣更为彻底地化身为生命和人类存在本身。当然,这个过程在宗教史上十分普遍;对犹太—基督教传统而言也不陌生。也许可以说,我们可以在朋霍费尔(Bonhoeffer)那里找到最近的例证,说明神圣化身为世俗的历史上的人类;也可以指出美国上帝已死的神学理论,是另外一个极其世俗化的退位神的神话。

因此,我们可以区分两种太初性:(1)前宇宙进化论的、非历史性的太初性;(2)宇宙进化论的、历史性的太初性。实际上,宇宙诞生的神话开启了神圣的历史;这是一个历史的神话,虽然并非犹太—基督教意义上的历史,因为宇宙诞生的神话具有范式性作用,本身要周期性地被激活。我们还可以区分两种类型的宗教的乡愁:(1)渴望与创世的太初的整体重新整合在一起(达雅克人的乡愁);(2)渴望恢复世界创造之后的太初时代(阿兰达人的乡愁)。对于后者而言,乡愁所向往的乃是部落的神圣历史,犹太—基督教不得不与之竞争的正是这种——在许多传统社会里依然存在的——神圣历史的神话。

注 释

[1] 丰特内尔(Fontenelle,1657—1757 年),法国哲学家、作家。他以理性作为反对宗教权威和封建统治的武器,提倡科学实验精神,肯定人类社会运动的进步性,是法国启蒙思想家的先驱之一。——译者注

[2] 尤其参见《永恒回归的神话》(*The Myth of the Eternal Return*,Willard R.Trask 译,纽约和伦敦,1954 年);《神话和现实》(*Myth*

　　　　 and Reality,纽约和伦敦,1963 年)。

[3]　此书最近已经由罗德尼·尼达姆(Rodney Needham)翻译成英文,名《恩加久人的宗教:一个南婆罗洲民族的神灵概念》(*Ngaju Religion*:*The Conception of God among a South Borneo People*,海牙,1963 年)。

[4]　汉斯·夏莱尔:《南婆罗洲恩加久·达雅克人的神灵观念》,第34 页。

[5]　同上书,第 85 页。

[6]　同上书,第 87 页。

[7]　同上书,第 94 页。

[8]　同上书,第 97 页。

[9]　尤其参见《神话和现实》,第 92 页以下。

[10]　特别参见他所著《阿兰达传统》(*Aranda Traditions*,墨尔本,1947年)及其最近的文章《在一个多元图腾文化社团中的人格独一图腾文化》,载于 *Festschrift fur Ad*.*E*.*Jesen*(慕尼黑,1964 年),第723—754 页;亦可参见,"La gâmellité de l'âme humaine",载于 *La Tour Saint-Jacques*(巴黎,1957 年),第 11—12、14—23 页。亦可参见米尔恰·伊利亚德,《澳大利亚宗教导论》(第 二 部 分)(*Australian Religion*:*An introduction*.Part II),载于《宗教史》1967年第 6 期,第 108—135 页,尤其是第 209 页以下。

[11]　参见"Personal Monotomemism in a Polytotemic Community",第730 页。

[12]　参见"Personal Monotomemism in a Polytotemic Community",第729 页。亦可参见《阿兰达人的传统》,第 26 页以下,有关图腾祖先的"黄金时代"的论述。

[13]　参见伊利亚德:《澳大利亚宗教导论》(第二部分),第 227 页。

第六章　天堂与乌托邦：
神话地图和末世论 *

弥赛亚的"时尚"

在过去十年间，关于各种千禧年论和形形色色的乌托邦思想的论著层出不穷。不仅关于原始的弥赛亚和先知运动——最著名的就是"货船崇拜"——研究，而且起源于犹太—基督教的弥赛亚思想——从基督纪元之初到文艺复兴和宗教改革运动——研究也是如此，其中还包括一些关于地理大发现和殖民化运动，尤其是两大美洲殖民化的宗教意义的论著。最后，近年来还有一些综合性的研究问世：历史学家、社会学家和哲学家试图比较各种形式的乌托邦思想和千禧年思想，并用一种盖棺定论式的综合观点对它们加以阐述。

---

　　* 本章是首发于弗兰克·E.曼努尔（Frank E.Manuel）主编的《乌托邦和乌托邦思想》（Boston：Houghton Mifflin Co.，1966）第260—280页的一篇论文，有修改和补充。惠允重刊于美国艺术和科学学会的杂志 *Daedalus*。

　　原文"Paradis et Utopie：Geographie Mythique et Eschatologie"，发表于 *Vom Sinn der Utopie*，*Eranos Jahrbuch* 1963（Zurich：Rhein-Verlag，1964）。

在这里，我们不想开列一份长长的新书书目。只要回顾一下几种综合性研究即可：诺尔曼·科恩（Norman Cohn）关于千禧年追求的研究，兰特纳里（Lanternari）、瓜利格利亚（Gualiglia）和穆尔曼（Mühlmann）关于原始人的千禧年思想研究，阿封索·杜普隆（Alphonse Dupront）关于十字军精神的研究，以及若干美国学者关于殖民化的末世论意义的研究专著。[1]

西方学者对千禧年运动和乌托邦的兴趣可谓意义非凡，甚至可以说这种兴趣构成了当代西方思想的突出特点。这种兴趣的理由是多方面的。首先，弥赛亚崇拜猛烈冲击了殖民时代最后数十年的"原始社会"，这引起了人们极大的好奇。最近关于中世纪欧洲先知运动，尤其是乔奇诺·达·菲奥拉（Gioachhino da Fiore）运动以及外阿尔卑斯欧洲的乔奇诺主义的重要性的研究。最后，还有关于美洲殖民化的宗教意义的缜密分析；正如我们在下面要看到的那样，新大陆的发现和殖民化是在末世论的迹象中发生的。

这些研究的开展以及这些问题的提出，向我们透露出大量有关当代西方人的精神状况的信息。我们首先要指出的是，与决定论的历史解释体系相反，如今我们必须承认宗教因素的重要性，尤其是充满张力的、狂热的运动——先知的、末世的、千禧年的运动的重要性。但是，在我看来，还有某些更为重要的内容：对于近世西方世界——亦即美国和拉丁美洲的起源的兴趣，揭示了那个大陆的知识分子渴望回归并且找到他们的太初历史，他们的"绝对起源"。这种对于回到太初状态的渴望也表现出重新开始的渴望，以及对美洲国家的祖先横跨大西洋去发现的人间天堂的乡愁。［实际上关于美洲殖民化的图书，大多冠以“天堂”之名。我们只消提到近年发表的著作即可：塞吉奥·布瓦戈·德·霍兰达（Sergio Buarque de Hollanda）所著 *Vsão do Parasio：os motives edenicos no descobrimento e colozizaca do Brasil*（Rio de Janiero, 1959）；查尔斯·桑福德（Charles Sanford）的 *The Quest for Paradise*（1961）；乔治·H.威廉（George H.Williams）的 *Wilderness and Paradise in Christian Thought*（1962），副标题为《从伊甸园和西奈沙漠到美洲边界》。］

　　所有这些都透露出一种渴望，就是要复原最近大西洋彼岸国家的宗教起源，因而也是太初史。但是这个现象的重要性是比较复杂的。人们还可以窥见其中对各种古老的价值观和结构更新的渴望，以及期待一种激烈更新（*renovatio*）——正如人们会解释在现代的艺术实验中存在一种要毁灭掉一切蒙上历史尘埃的表现方式，同时又要重新（*ab initio*）开始一种艺术体验的意愿。

　　还是回到我们的主题——天堂和乌托邦吧，我选择两个例子。首先我将指出在早期北美拓荒者的殖民化中末世论的和天堂的因素，以及逐渐转型为“美国天堂”，由此而产生了无限进步的神话、美国式的乐观主义，以及对年轻人和新生事物的崇拜。然后，我将考察一个巴西部落，图皮-瓜拉尼斯人（Tupi-Guaranis），他们在南美洲发现之际就已经出发横跨大西洋去寻找一个天堂——他们中的有些群体至今还在寻找不止。

寻找人间天堂

克里斯托弗·哥伦布毫不怀疑他曾接近**人间天堂**
（Earthly Paradise）。他相信他在帕里亚湾遇到的新鲜的水流，
就是从伊甸园的四条河流出来的。哥伦布认为，寻找**人间天
堂**并不是一个幻想。这位伟大的航海家将一种末世论的意义
赋予这次地理大发现。新世界不仅代表着一个向福传敞开大
门的新大陆。它的发现本身就具有一种末世论意义。

实际上，哥伦布深信，福音充满整个世界这样一种先知般
的情怀必须在已经为期不远的世界末日来临之前得到实现。
在他所著《先知之书》中，哥伦布断言这个事件，也就是世界末
日将在征服新大陆、异教徒改信基督教，以及敌基督彻底覆灭
之后发生。他自封为这一出宏大的，同时也是历史性和宇宙
性的大戏的主角。在给约翰王子的献词中，他高声宣布："上
帝让我成为祂通过以赛亚之口提到的、在圣约翰《启示录》祂
所言的新天新地的使者：祂向我显示在那里找到它。"[2]

正是在这种充满弥赛亚式的、启示录式的氛围里，越洋探
险和地理大发现极大地震动并且改变了西欧。全欧洲人民相
信世界将发生巨大的更新，即使这种更新的原因和理由是千
奇百怪的，而且经常是自相矛盾的。

两个美洲的殖民化在末世论的迹象里开始了：人们相信
基督教世界更新的时代到来了，而真正的更新便是回到**人间
天堂**，或者至少再次开始神圣的历史，或者重复《圣经》中提到
的奇妙事件。正是因为这个理由，当时的文学及布道、回忆录

和通信无不充满了天堂般的、末世论的幻想。例如在英国人眼里，美洲的殖民化只是延伸并且完善了一个宗教改革之初就开始了的神圣的历史。实际上，拓荒者推动西方自东徂西，继续开展智慧和真宗教的胜利远征。清教神学家倾向于将西方等同于精神和道德的进步。某些神学家已经将亚伯拉罕的约柜传到了英国人手中。正如圣公会神学家威廉·克拉肖（William Crashaw）所写的那样，"以色列的上帝就是……英格兰的上帝"。1583 年，亨弗雷·吉尔伯特（Humfrey Gilbert）提出，如果英格兰拥有"大量的令人愉悦的土地"，那应当归功于一个事实，起源于东方的宗教已经逐渐向西方挺进，他补充道，"很可能它将在此地驻足"。

92

太 阳 的 象 征

这在当时的英国文学中甚为流行。托马斯·伯恩内特（Thomas Burnet）在其《考古学》（1692 年）中写道："知识就像太阳，从东方开始它的**运行轨道**，然后转向西方，我们在这里坐享它的光芒。"贝克莱主教在他著名的诗歌中以这样的诗句开始，"帝国的运行轨道一路向西……"，使用了太阳的比喻以颂扬英格兰扮演的属灵的角色。[3]

此外，贝克莱只不过是遵从了一个长达两百年的欧洲传统。实际上，埃及人的赫尔墨斯教和太阳象征，被马希利奥·费奇诺（Marsilio Ficino）和意大利人文主义者复兴，继哥白尼和伽利略的发现——在同时代人看来首先是太阳和日心说的胜利——之后甚为流行。最近的研究揭示了隐含或者掩盖在文艺复兴时期天文学和宇宙志中的宗教意义。在哥白尼和伽利略的同时代人看来,日心说不仅是一个科学的理论,它还标志着太阳象征战胜了中世纪,也就是赫尔墨斯教传统——被认为是一种令人肃然起敬的、太初的,比摩西、奥尔菲斯、苏鲁支、毕达哥拉斯及柏拉图还早的传统——报了中世纪教会狭隘思想的一箭之仇。

在这里对文艺复兴时期太阳象征的主题进行考察未免太过繁琐,但是,略作概述还是必要的,这样我们就可以了解,那些颂扬新世界殖民化宗教意义的作者究竟强调了太阳比喻的哪些方面。美洲第一批英国殖民者认为,他们自己是被天命选中建立"山上的城",它可以为整个欧洲充当一个真正的宗教改革的典范。他们追随太阳的轨道一路向远西(Far West)而去,以一种惊人的时髦方式继续并延伸宗教和文化自东徂西的传统。直到宗教改革为止,美洲竟一直隐藏在欧洲人的眼皮底下,这个事实就是天命的表象。最早的拓荒者毫不怀疑道德更新和寰宇得救的终极时刻将从他们开始,因为他们最早追随太阳的轨道迈向西方的天堂花园。正如圣公会的诗人乔治·赫伯特在其《教会的军队》写道:

> 从我们的土地上,宗教抬起了脚尖
>
> 准备迈向美洲的海岸。[4]

而这"美洲的海岸",正如我们已经看到,并且还将继续在下文看到,乃是充满着天堂的意味。乌尔里希·赫格瓦尔德(Ulrich Hugwald)预言,随着美洲的发现,人类将返回"基督、自然、天堂"。

与其他现代国家相比,美国更是一个清教改革的产物,它要寻求一个基督教会将完美推出的人间天堂。[5]宗教改革和发现人间天堂的关系令无数作家怦然心动，从亨利希·布林格（Heinrich Bullinger）到查尔斯·杜摩兰（Charles Dumoulin）。对于这些神学家而言，宗教改革加快了天堂至福的伟大时代来临的步伐。恰恰在美洲殖民化和克伦威尔改革前夕，千禧年思想的主题最为普遍地流行开来，这一点意味深长。例如，我们注意到在殖民地最流行的宗教教义是：美洲是上帝在万国中特选作为基督复临的地方，而千禧年虽然在本质上具有属灵特征，但也伴随着人间向天堂的转化，也是一种内在完善的外在迹象。正如著名的清教徒、1685—1701年间任哈佛大学校长的英克里斯·马瑟（Increase Mather）写道："当这个基督的国度遍满人间，今世也将恢复其天堂的状态。"[6]

美 式 天 堂

94

此外，某些拓荒者已经在美洲的若干地区看到了天堂。1614年，约翰·史密斯在新英格兰旅游，将其比作伊甸园："天地从未如此和睦相处，构成人类居住的地区……我们偶然踏入这片土地，好像上帝创造似的。"乔治·艾尔索普将马里兰渲染成绝无仅有的、看似"人间天堂"的地方。他写道，它的树木、果实、花朵"见证了我们亚当的，或者原始的状态"。另一位作者在佐治亚州——一个纬度和巴勒斯坦相同的地区发现了"未来的伊甸园"，"这个应许的迦南是上帝亲自选定的，要祝福那些蒙他欢喜的民众"。在爱德华·约翰逊看来，马萨诸塞州乃是"主创造的新天新地"。同样，波士顿的清教徒约翰·科顿(John Cotton)告诉那些从英格兰到马萨诸塞来的人们,他们被赋予了进入天堂的特许,这多亏了"赐予亚当及其后代进入天堂的重要许可"[7]。

但是这只是反映了拓荒者的千禧年论经验的一个方面。在许多新移民看来,新世界代表着一块魔鬼出没的荒漠。然而这丝毫不能减少他们的末世欢乐,因为他们从布道中得知,现在的悲惨只不过是在抵达得到应许的人间天堂前所经受的道德和灵性的考验。[8]拓荒者认为他们的处境恰似以色列人越过红海之后的处境,正如在他们的眼里,他们在英格兰和欧洲的环境类似于某种埃及人所受的奴役。如同科顿·马瑟(Cotton Mather)写道,"我们达到应许之地的旷野永远充满着暴怒的飞蛇"[9]。

但是,后来一种新的思想诞生了;新耶路撒冷可以通过劳动创造出来。约拿单·爱德华(1703—1758)认为,通过劳动,新英格兰可以转变为某种"**人间天堂**"。我们看到拓荒者的千禧年思想如何逐渐在进步观里终结的。第一步,在天堂和在新英格兰呈现的人间的诸种可能性之间逐步建立联系。下一步,取消在"末日审判"之前死亡和悲惨的阶段,最终获得一种进步的、不间断的改良的观念。[10]

但是在美洲式的进步观念破茧而出之前,拓荒者的千禧年思想还经历了其他转变。这种清教末世论的第一次重大危机是由欧洲列强为争夺殖民地帝国而挑起来的。罗马和天主教国家被等同于敌基督,上帝的国要到来,就只有将他们摧毁。

曾经有段时期,占据着英国殖民地文学的只有一个主题:敌基督入侵美洲,他威胁要毁坏基督的荣耀胜利的希望。在约翰·温斯洛普看来，新英格兰的首要责任就是"建造一所营房，抗击耶稣会士在他们的领地正在建造的国度"。其他作者则断言，新世界在天主教徒到来之前才是真正的天堂。

显而易见，欧洲列强争夺横跨大西洋的殖民帝国，很大程度上是出于经济目的，但是它却因一种摩尼教的末世论而恶化了此种争夺：一切似可归结为**善、恶**之争。殖民时代的作家每每谈及法国和西班牙对英国殖民地的威胁，称之为"新巴比伦囚虏"或者"埃及人的奴役"。法国和西班牙是僭主，是敌基督的奴隶。天主教的欧洲被渲染为堕落的世界、地狱，和新世界的天堂形成鲜明相对照。"天堂或者欧洲"的说法就意味着"天堂或者地狱"。拓荒者在美洲经受考验的重要目标，就是将人类从异教的旧世界的罪中解救出来。[11]

返回原始基督教

只要在殖民者的眼里，善恶冲突采取了具体的形式，那么在清教和天主教的斗争中，英格兰就难免四面楚歌了。1640年以后，在殖民者和母国之间开始出现对峙。在殖民地的完美论者看来，英国的宗教改革是不完美的改革。比这更糟糕的是，英格兰的宗教生活或被认为是敌基督的事工。在殖民地的末世想象里，英格兰取代了罗马。这种取而代之的后果就是殖民者——作为选民——判断，他们在荒漠的使命不只是延续一种传统的宗教活动，而且还是某种全新的东西。多亏远离欧洲地狱而获得重生，殖民者认为他们将要开启历史的最终阶段。在 1647 年，印第安人的使徒约翰·艾略特宣告，"在新英

96

格兰,即使福音的太阳还未升起,但已曙光初照……"[12]。

　　这种语言显示与欧洲的过去决裂。必须说明的是,这种决裂早在美洲革命和独立之前就已经完成。1646年,新英格兰自认为是一个自由国家,而不是"英格兰的殖民地或联合体"。其理由就是自治的觉醒首先是宗教的觉醒。科顿·马瑟期待新英格兰回归基督教的早期时代。他写道:"第一个时代是黄金时代;回到那里,将造就一个新教徒,我还要补充一句,将造就一个清教徒。"回到基督教的黄金时代将成就大地的变容。正如英克里斯·马瑟所宣称的那样,"早期教会的恢复将会使人间变为天堂"[13]。

　　由于拓荒者以返回**早期教会**的美德为千禧年做准备,这加深了同英格兰和欧洲的过去决裂的程度。在清教徒看来,基督教的重要美德就是简朴。另一方面,学术、文化、知识、习惯、享受都是魔鬼的创造。约翰·科顿写道:"你们越是有文化、有学识,就越是会侍奉撒旦。"拓荒者和开发西部的传教士的优越性情节已经形成。这种向据说将天堂带回人间的早期基督教的回归,也暗含着对饱学的耶稣会士和英国贵族——有文化的、精致的、成熟的习惯权力和权威——的蔑视。夸张的服饰或享受彻底成了"绅士"之罪。纳撒尼耳·瓦德(Nathanel Ward)在所著《阿加瓦姆德补鞋匠》(1647年)中,将殖民者的朴素生活和道德优越与英格兰腐败之风作了对照,以此证明早期教会天堂般状态的进步性。[14]

　　殖民者颂扬他们比英国人更具道德优越性,承认他们自己在服饰和文化上低人一等。查尔斯·L.桑福德认为,美国高人一等——在外交政策及在全球热切努力传播"美国生活方式"——情结的起源，必须到西部传教士的活动中去寻找。[15]一种完整的宗教象征赋予了西部拓荒者，使得拓荒者的末世思想延续到了19世纪。茂密的森林、无垠的荒地，农村生活的幸福与城市的罪孽和丑恶相对照。一种新的观念诞生了：美国的天堂被来自都市化欧洲的魔鬼般的势力侵害，对贵族、享受及文化的批评让位于对城市和都市生活的批判。伟大的宗教"奋进"运动开始于西部边界继而蔓延至城市，"奋进派"在穷人比在富人和受教育的人中更为流行，其基本的观念是认为宗教的衰退是由都市的丑恶造成的，尤其是饮酒作乐，这在起源于欧洲的贵族中司空见惯。因为，长期以来，**地狱**显然就是"欧洲道路"[16]。

"美国生活方式"的宗教起源

但是，我们已经指出，末世的千禧年思想和对早期**人间天堂**的期待，最终屈从于激进的世俗化。进步的神话与对新生事物和年轻人的崇拜是最明显的结果。尽管如此，即使在最为剧烈的世俗化形式中，也能够觉察出宗教的狂热和末世的期待在激励着我们的祖先。总之，对于第一批殖民者和以后的欧洲移民而言，他们远渡美洲是把它当成可以获得重生的国家，也就是开始一种全新的生活。至今仍让美国人着迷的"新生事物"，乃是一种有着宗教底蕴的向往。在"新生事物"中，人们希望一种"新的复兴"，寻求一种新生活。

新英格兰、新约克[17]、新港[18]——所有这些地名表达对远离故土的怀念之情，但首先表达了一种希望，那就是在这些

98

地方和新的城市中,人生将以全新的维度展开。岂止人生,在这片被视为**人间天堂**的大陆上,一切都更伟大、更美丽、更强大。新英格兰被渲染得颇似伊甸园,据说那儿的山鹑大到飞不太远,火鸡肥过羊羔。[19]美国人追求浮夸的眼光,就像追求初期的宗教一样,即使在那些最有教养的人群中也甚为普遍。

希望获得一种新生活——期待不仅更好而且更具至福的未来,也许在美国人对年轻人的崇拜中可以看见。查尔斯·L.桑福德认为,自工业化时代以来,美国人越来越喜欢在他们的孩子中寻求天真烂漫。同样,这位作者还相信,他们对新生事物的赞美,仅次于对到大西洋彼岸来的拓荒者的赞美,强化了他们的个人主义而不是权威,导致美国人对历史和传统漠不关心。[20]

我们在这里要结束对拓荒者的千禧年思想的末世论考察。我们已经看到,在横渡大西洋前去寻找**人间天堂**的过程中,最早的探险者意识到他们在救赎历史中扮演着重要角色;美洲先是被等同于**人间天堂**,而后又变成一个清教徒和继续宗教改革的特许之地,这种宗教改革据说在欧洲已经失败了;移民们相信他们已逃出欧洲的地狱,期待一种在新世界的全新诞生。我们同样看到,这些弥赛亚希望、自信可能达到**人间天国**,以及这种信仰年轻和单纯的心灵和灵魂,在多大程度上造就了现代美国。

人们可以继续这种分析,展现美国精英如何长期抵制农村的工业化,以及他们如何赞扬农业的美德,也许同样可以用对**人间天堂**的乡愁来解释。甚至当城市化和工业化已经全面胜利,拓荒者喜欢并使用的想象和偏爱仍然经久不衰。为了证明城市化和工业化未必（如同欧洲那样！）意味着邪恶、贫困和世风日下，工厂主们到处行善，建造教堂、学校和医院。他们不惜一切代价澄清，科学、技术和工业非但没有威胁灵性和宗教价值，反而确保它们的胜利。1842 年有一本书问世，名为《自然和机器的力量使一切人抵达天堂》。人们可以在同时代人希望远离大都会，在乡村寻找庇护的倾向中，感受到对天堂的乡愁，这个天堂是在他们祖先的"**自然**"中找到的。

但是在这里我们所关注的，不是要提供一种关于美洲千禧年观念的分析。我们必须强调的是——这也是其他作者所强调的——乃是末世论使命，尤其是要再次达到早期基督教的完满境界以及在人间恢复天堂，这种确信并不容易被遗忘。很可能今日美国普通百姓，以及美国的政治和文化意识形态仍然反映了清教徒确信要恢复**人间天堂**之神召的影响。

美国作家对亚当时代的乡愁

人们会感受到在所谓对历史的反叛中也有着类似的末世论，在 19 世纪前三分之二的时间里，所有重要的美国作家都对这种反叛进行了大量渲染。至少是起源于犹太—基督教的天堂元素现在越来越受到抑制，但是我们发现对于前历史的一种新的开端，一种新的"亚当时代"的天真、一种丰富至福的生活的向往和赞美。在 R.W.B.路易斯的著作《美国的亚当》（1955 年）中，集中提出了一大堆颇具启发性的问题，这样的问题太多了，以至于难以从中作出选择。在《人间灾难》——一部 1844 年发表的幻想小说中，纳撒尼尔·霍桑描写了一种

100

异象,一场寰宇大火焚毁了古代贵族家庭的纹章、皇家的长袍和权杖及其他古代制度的象征,最后是整个欧洲的文学和哲学。"现在!"这位主要的仪式主持人宣布,"我们将卸掉死人思想的重负。"[21]在《有七道山墙的房子》(1850年)中,有一位人物赫尔格雷夫(Holgrave)宣称:"我们永远、永远不会抛弃这种过去吗? 他就像巨人的尸体一样躺在当今世界!"他抱怨道,"我们在读死人的书! 我们为死人的笑话而笑,为死人的感伤而哭泣!"霍桑通过他的代言人赫尔格雷夫悲叹公共建筑:"我们的国会山庄、州议会大厦、法院、市政厅和教堂使用石头和砖块这样的材料建造起来的。最好在二十年内全部夷为平地,好提醒人民审查和改革它们所象征的制度。"(路易斯:《美国的亚当》,第18—19页。)

在梭罗的作品里同样可以找到对历史的过去的愤怒拒绝。一切和过去有关的目标、价值和符号都应当统统烧掉。"我看今日的欧洲,"梭罗写道,"恰似一个年老的绅士,背负着大包裹,里面尽是常年家务积攒下来的,又不敢一把火烧掉的废物。"(前引书,第21—22页)路易斯证明了美国的亚当想象有多么顽固,人类在美国有着独一无二的机遇重新开启历史的信念有多么根深蒂固。

对亚当的乡愁也存在于这一时期的其他作家心里,只是采取了一种隐蔽的形式而已。梭罗以赞美的口吻阐述了"亚当生活"的含义。他认为他在清晨的湖中沐浴"就是个宗教意味的运动,我所做到的最好的一件事"(前引书,第22页)。[22]在他看来,那是一种再生的仪式。梭罗对孩子的爱,等同于"亚当的"性格:"每个婴孩都在一定程度上再次重复了这个世

界"，他这样写道。而这婴孩也许连他自己都不知道他做出了 101
伟大的发现。

这些对"亚当的"、对太初的向往，反映出一种"远古时代的"精神类型、抵抗历史、颂扬生命和肉体的"神圣性"。沃尔特·惠特曼（Walt Whitman）自谓"唱响亚当之歌的歌手"，宣布他身体的芳香"比祈祷还要浓烈"，他的头脑"胜过教会，《圣经》以及一切信条"（前引书，第 43 页）。路易斯洞穿了在这些几近迷狂的宣言中的"亚当自恋"（前引书，第 43 页）："如果我崇拜某一样事情胜过别人，它必须延伸为我的身体"；或者，"神圣即我，内外无分，无论接触任何事物，我令自己神圣"——此种狂喜的宣言不由令人联想到某些性力派的经文。路易斯在惠特曼那里也探测到这种范式性的母题——过去已经死亡，它是行尸走肉——但"在惠特曼看来，过去已经充分燃烧成为灰烬，以至于就实际目标而言可以彻底遗忘"（前引书，第 45 页）。惠特曼和他同时代人普遍抱有一种希望，人类将在新社会里获得重生，亦即正如路易斯所言，"人类将在美国有一种新的开始"（前引书，第 45 页）。惠特曼强有力地、令人着迷地表达了他同时代人如何迷恋那太初的、绝对的开始。他喜欢"在大西洋岸边漫步，背诵荷马的诗句"（前引书，第 44 页），因为荷马就属于这种太初性（*primordium*）；他不是历史的产物——他奠定了欧洲的诗歌。

但是对这种新版天堂神话的反抗必然如期而至。威廉·詹姆士的父亲老亨利·詹姆士就大胆地断言，"夏娃对亚当的第一次也是最高的侍奉乃是将他逐出伊甸园"（前引书，第 58 页）。换言之，只有在失去天堂以后，人类才能开始成为自己：

向文化开放,完美地、创造性地将感性和价值赋予人类的存在、生命和世界。但是这种去神话化的历史——包括对美式天堂和亚当时代的怀念,并非我们讨论的主题。

瓜拉尼人寻找失去的天堂

1912 年,巴西人类学家库尔特·尼蒙达久(Curt Nimuendaju)在圣保罗附近的海岸边遇见了一群瓜拉尼印第安人(Guarani Indians),他们停留在那里寻找**失去的天堂**。

102
> 他们不停地舞蹈数天,希望他们的身体经过不断运动而变得轻盈,能够飞往天堂"我们祖母"的家,她在东方等着她的孩子回来。怀着失望心情,但是保全了他们的信仰,他们回去了,深信他们穿着欧洲人的衣服,吃着欧洲人的食物,他们长得太胖了,做不了星际探险了。[23]

寻找失去的天堂是瓜拉尼人数世纪以来一系列迁移的最近一次。第一次寻找"上帝宠爱的国"可以回溯到 1515 年。[24]但是尤其在 1539 年和 1549 年之间图皮纳穆巴族群有一次前往"大祖先"的大迁移。阿尔弗雷德·梅特罗写道,从佩尔纳布科(Pemambuco)地区出发,这些印第安人抵达秘鲁,

> 他们在那里和某些西班牙征服者相遇。这些印第安人已经横穿南美最宽处,"寻找神仙和永恒的休憩之处"。面对西班牙人,他们讲述了他们关于奇异的半想象的满地黄金的城市的故事;他们的故事也许混合着他们的梦幻,却激发了西班牙人的想象力,在很大程度上让传说中的艾尔德拉多的征服者佩德罗·德·乌苏阿(Pedro de

Ursua)决心发起一次悲惨的远征。西班牙人和印第安人同样寻求幻想，所不同的是印第安人想要永恒的幸福，而西班牙人则为了获得一种短暂的幸福的工具不惜付出沉重代价。[25]

尼蒙达久收集了许多关于瓜拉尼族群寻找"**无魔之地**"之旅的材料。阿尔弗雷德·梅特罗和艾龚·沙顿则接续他完善并且提供了更多详细的信息。[26]这种集体性地寻找天堂的活动持续了四个世纪，可以将其归类为新世界最独一无二的宗教现象。实际上，尼蒙达久1912年描述的活动延续至今，但是只有一个瓜拉尼部落，姆布阿人（Mbüás）仍然在东方寻找天堂；其他人相信天堂建立在大地和天顶的中心。[27]

我们回头再讨论天堂的位置和形状。现在，我们集中讨论全部图皮—瓜拉尼部落宗教的一个特征，即萨满和先知所扮演的重要角色。正是他们在梦幻或者异象的指引下，四处活动，派探险队前往**无魔之地**。甚至在那些没有寻找天堂热情的部落里，萨满也借着回忆他们的梦幻和出神经历，使用某种典型的天堂的想象，成功地煽动全体民众。一位16世纪的耶稣会士是这样描写图皮纳穆巴人的：

> 萨满说服印第安人不要工作，不要到田里去，许诺他们庄稼自会成长，不用担心，食物自会充满仓房、犁铧自会翻耕泥土、弓箭自会寻找它们的主人，俘敌无数。他们预言，老人还会变得年轻。[28]

我们在这里认出了黄金时代的天堂征候。为了促使它尽快到来，印第安人在其先知的刺激下，放弃一切世俗活动，日夜舞蹈。正如我们将要看到的，舞蹈是达到狂喜或者接近神圣的最有效工具。

和其他古代民族相比,图皮—瓜拉尼人通过萨满的梦幻,更加积极地接受来自超自然的启示。和他们相邻的民族相比,图皮—瓜拉尼人更加竭力主张与超自然世界的永恒接触,以便按时迎接达到天堂的各种指示。这种独一无二的宗教感受——这种对天堂的迷恋,这种对不能及时理解神圣信息,以及由此面临无尽的寰宇之灾中毁灭的恐惧——源自何方?

世 界 的 终 结

这个问题的答案可以从神话里面寻找。在巴西现存的所有瓜拉尼部落的神话里,存在这样一个传说,一把大火或者一次大洪水摧毁了原有的世界——而且在不久的将来,灾难还会重演。尽管如此,对一场未来灾难的信仰在其他图皮族群中并不常见。[29]它会不会是来自基督教的影响? 不尽然。类似的观念在许多其他古代民族那里都可以见到。更重要的是,在某些情况下,很难说清究竟寰宇之灾在过去已经发生,还是它同样将在未来重复发生;这是因为相关语言的语法并没有区分过去和将来。[30]最后,我们想必还记得那个图库玛人的神话,未来的灾难将是文明英雄第瓦(Dyoi)所为。据说由于和白种基督教徒接触,部落的传统改变了,触怒了他。这种信仰部分可以和瓜拉尼人相比。很难设想一个宣告世界由于白人文化影响而即将终结的神话起源于基督教。

不管情况如何,世界的终结在不同的瓜拉尼部落中间有着同样的形态。姆布阿人想到的是一场即将来到的洪水,或者异常的寰宇大火，或者整个地球陷入永远的黑暗。对于南蒂瓦斯人（Nandevas）而言，灾难将是地球爆炸所致，而地球被想象成一个圆盘。最后，凯奥瓦斯人（Kaiovás）想象导致世界终结的是魔鬼——魔鬼飞马和猴子，它们带着燃烧的弓箭四处游荡。[31]

　　我们将很快回过来再讨论天堂的结构及抵达天堂的工具。但是，首先，我们必须考察，瓜拉尼人认为导致世界必然终结的原因何在。与在犹太教和基督教中广为流传的信仰不同，世界的终结不是由于人类的罪恶。瓜拉尼人认为，人类以及地球本身厌倦活着，想要休息了。尼蒙达久相信阿帕蒲古瓦人（Apapocuvas）关于世界灭失的观念是所谓"印第安人的悲观论"[32]的产物。他的一位信息员告诉他："当今地球已垂垂老矣，我们的种族再也不会繁衍下去了。我们就要再度看见死亡，黑暗要降临，蝙蝠要沾染我们，在地球上的所有人都要遭遇末日。"[33]这个观念就是寰宇的倦怠、世界的枯竭。尼蒙达久还报道了一个出神的萨满的经历：在一次有至上神南德鲁乌乌（Nanderuwvu）显灵的出神过程中，他听见**大地**祈求主终结他的创造。"我已经精疲力竭了"，**大地**悲泣道，"我身体里塞满了吃下去的死尸。让我休息吧，父亲啊。大河也祈求造物主给他们休息，还有树木……以及整个的**大自然**。"[34]

　　如此令人感动的寰宇倦怠及对最终休憩之乡愁的民族志文献，确实可遇而不可求。诚然，尼蒙达久在1912年遇到的印第安人为了寻找天堂而经历数世纪漫长的流浪生活和无休止的舞蹈已经精疲力竭了。尼蒙达久相信，世界终结的观念是在本地形成的，不可能受到潜在的基督教的影响。他认为瓜拉尼人的悲观论是由于葡萄牙人征服造成的后果之一——尤其是他们搜捕奴隶带来的恐怖的结果。近来有些学者开始质疑尼蒙达久的这种解释。[35]实际上,要说尼蒙达久所谓"印第安的悲观论"并非来源于一种在原始民族中传播广泛的信仰,这倒是值得怀疑的:这种信仰可以概述如下——世界存在而且必然周期性地更新,以便可以形成一种新的创造,正是因为这个事实,这个世界正在更新之中。[36]

很有可能在葡萄牙人征服和基督教传教之前,阿帕蒲古瓦人就已经持有一种类似的信仰了。征服者带来的震动,更加剧和强化了要逃离这个悲惨的、痛苦世界的欲望——但是并不是葡萄牙人的征服带来的震动产生了这种欲望。就像许多其他古老民族一样,瓜拉尼人向往生活在一个纯净的、新鲜的、富足的及受神灵祝福的宇宙。他们所寻找的天堂就是恢复了其最初的美丽和荣耀的世界。"**无魔之地**"或者南德("我们的祖母")之家就存在于这个世界:它位于大洋的另一边或者世界的中心。虽然它似乎在一定程度上是超自然的——因为它有着天堂的维度(例如长生不老)——**无魔之地**并不存在于彼岸世界。它甚至还不能说是看不见的;它只是隐藏了起来。人类不是以灵魂或精灵,而是以肉身到达那里。集体的探险以寻找天堂目的很明确:在世界毁灭之前达到**无魔之地**,入住天堂,享受一个神灵祝福的存在,静候那枯竭的未能更新的宇宙猛烈的终结。

无 魔 之 地

瓜拉尼人的天堂是一个既真实又宽容的世界,生命以同样的模式继续存在,但是却又外在于世间和历史,也就是说,没有悲惨或疾病,没有罪恶或不公,也没有衰老。这种天堂并不是一个"属灵的"区域:按照某些部落民的说法,如果今日人们只是在死后,也就是以"灵魂"的形式才可以到达那里,那么在以前,人们则可以活着(in concreto)到达那里。天堂因而具有一种悖论的性质:一方面,它代表着今世的对立面——纯净、自由、受到祝福、长生不老等;另一方面,它又是具体的,也就是说不是"属灵的",而且它就包含在这个世界里,因为它有地理上的实在性和同一性。换言之,天堂对图皮—瓜拉尼人而言代表着"开初"的完美和纯洁的世界,那时它刚刚由造物主创造完毕,那时部落的祖先和诸神以及英雄们共住一处。实际上,最初的天堂的神话只言及在大洋的中心有一个福乐岛,不知死为何物,可以攀援绳索或别的工具抵达那里。(我们注意到,绳圈、藤蔓或者台阶的想象常用于表现从一种状态过渡到另一种状态——从世俗的过渡到神圣的世界。)起初,人们寻找一座巨大无比的岛屿,乃是为了努力通过与诸神的灵性交流而获得永生,并不是为了躲避一场迫在眉睫的寰宇之灾。[37]天堂神话发生了末世论的转型,那是后来发生的事情,也许是受到了耶稣会的影响[38],或许仅仅是因为就像许多原始民族一样,瓜拉尼人发现这个世界太过衰老,必须毁灭而后再造。

瓜拉尼人宗教的基本概念——这个概念就是确信人可以肉身抵达天堂——一言以蔽之,就是阿古捷(aguydje)。这个字可以翻译为"至上的福乐"、"完美"和"胜利"。在瓜拉尼人看来,阿古捷构成了一切人类的目标和对象。得到阿古捷就

108

是知道了超自然世界的具体的天堂之福乐。但是这个超自然的世界是在死亡之前就可以抵达的,而且部落的每一位成员,只要遵守传统道德和宗教仪轨,都可以抵达这个世界。

多亏了最近沙顿的研究,我们现在获得了有关瓜拉尼各部落对于这个天堂的描绘的详尽信息。[39]例如,南蒂瓦斯人持有两种不同的概念:一种是针对那些很早以前就外出寻找但是还没有抵达无魔之地的南蒂瓦斯人,另一种则专属那些尚未踏上此征程的南蒂瓦斯人。寻找但是尚未找到天堂的南蒂瓦斯人——以及那些在抵达海岸线之前十年就结束其漫游的南蒂瓦斯人——不再相信天堂位于大洋的另一边。他们认为天堂位于天顶,相信在死亡之前不能到达那里。

而其他的南蒂瓦斯人,他们并没有踏上前往大洋彼岸的征程,相信这个世界注定要毁于一场大火,但是这场灾难并不会很快降临。避难之所就是天堂,它被想象为在大洋中心一座福乐之岛上。只要举行某种仪式,尤其是跳舞和唱歌,人们肉身也就可以在死亡之前到达那座岛上。但是人们必须知道路径——而这种知识在今天近乎完全丧失了。古时候人们因为深信文明英雄南德利基(Nanderykey),所以找得到这条道路:南德利基前来迎接人类,并且带领他们前往天堂之岛。如今,只能在死后以"灵魂"形式登上天堂之岛了。

根据一位萨满(*nanderu*)提供给沙顿的信息,天堂之岛"类似于天堂而非人间"。中央有一大湖,湖中央是一座高耸的十字架。(十字架很可能体现了基督教的影响——但是岛和湖属于本地的神话体系。)岛屿果实无算,居民无需劳作,唯以舞蹈度日。他们永远不死。这座岛屿不是死者之岛。死者的灵魂到达那里，但不是永远居住在那里；他们继续他们的旅程。根据其他同样是沙顿收集的信息，海水会在那些有信仰的人面前退潮，形成一座桥梁供他们行走。在岛上，谁也不会死去。实际上是一个"神圣之地"。[40]

更为有趣的是姆布阿人对天堂的描绘，他们是迄今唯一还在海岸边寻找**无魔之地**的瓜拉尼人。相对于所有瓜拉尼人而言，天堂神话对姆布阿人最为重要。这个事实意义非凡，因为姆布阿人完全没有受到耶稣会士传教的影响。[41] 姆布阿人的天堂不是被想象成一处躲避未来灾难的避难所。它是一座奇妙的花园，果实丰茂，兽类遍地，人们在那里继续他们的人间生活。凡是过着公义的、虔诚的生活，按照传统规定行事的，就可以抵达那里。

通往诸神的"道路"

第三种瓜拉尼人部落，即凯奥瓦斯人，在数十年之前仍然向大西洋行进，在他们中间存在这样一种特殊的观念：在危机时代，天堂就显得更加重要了。因此，凯奥瓦斯人日夜舞蹈，毫不停歇，以便加速世界的毁灭并且获得关于前往**无魔之地**的道路的启示。舞蹈、启示和通往天堂的道路——这三种宗教实体合而为一；所有瓜拉尼部落都有这样的观念，而非为凯奥瓦斯人所特有。关于"道路"——亦即由今世通往神圣世界的通道——之想象和神话具有重要的作用。萨满就是关于"道路"的专家；他接受超自然的引导，使他能够在这场令人称奇的漫游中为整个部落带路。在南蒂瓦斯人的部落神话里，

110　始母（Primordial Mother）在前去寻找孪生子之父以前掩藏了
这条道路。在祈祷期间，或者在死去之后，在穿越天界的时
候，灵魂踏上这条神秘的天堂之"道路"，因为它既是自然的，
也是超自然的。

当艾龚·沙顿问及要寻找这条道路的踪迹时，凯奥瓦斯
人将其描述为萨满经常到天上旅行去的道路。[42] 所有瓜拉尼
族都把自己称作塔佩贾（*tapedja*），亦即"朝圣的民族和旅行
者"。夜间舞蹈伴随着祈祷，而所有这些祈祷就是通往诸神的
"道路"。一位为沙顿提供信息的人深信，"没有这条道路，人
们就不能到达他想要去的地方"[43]。例如，凯奥瓦斯人认为，
通往诸神的"道路"象征着他们整个宗教生活。人们需要一条
"道路"与诸神交流，实现他的命运。只有在危机时刻，对于这
条"道路"的追求才充满着末世论因素。那时他们就日夜跳
舞，急迫地寻求通往天堂的"道路"。他们经常跳舞，因为世界
的终结即将到来，只有在天堂才能得救。但是在其余时间，在
不大重要的时期，"道路"在瓜拉尼族的生活中继续扮演重要
角色。正是寻找和踏上这条道路，与诸神为邻，瓜拉尼人才会
相信他完成了人间的使命。

瓜拉尼人弥赛亚思想的原创性

让我们以某种比较概括的考察来结束对于瓜拉尼人弥赛
亚思想的扼要描述。首先，我们注意到，和北美部落的先知运
动有所不同，瓜拉尼人的弥赛亚思想并不是欧洲征服者的文
化冲击和社会结构解体的后果。[44] 早在葡萄牙人和首批基督

教传教士之前，无魔之地的神话以及搜寻无魔之地的活动就已经存在于图皮—瓜拉尼人中间了。与征服者的接触加剧了对天堂的寻找，赋予它迫切逃离迫在眉睫的灾难这样一种急切的甚至是悲剧性的特点，但是并不是与征服者的接触才激发了寻找天堂的灵感。此外，我们在这里遇到的部落，并没有像北美土著那样深陷文化融合的危机，没有在过去两百年里一直不断周期性地掀起先知和弥赛亚运动。瓜拉尼人的文化和社会既没有解体，也没有出现混合。

111

　　这个事实对于我们从总体上理解先知和弥赛亚现象并非无足轻重。要重视产生并传播弥赛亚运动的历史的、社会的以及经济环境，这样做固然是正确的。人们期待着世界的终结，或者寰宇更新，或者黄金时代，尤其是在遇到深层危机的时候更是如此；他们欢呼人间天堂即将到来，以使自己免于深陷由极端的悲惨、自由的丧失以及一切传统价值的崩坏所带来的绝望境地。但是图皮—瓜拉尼人的情况证明，全体部落都被引导去寻找天堂，寻找了数世纪，却没有任何社会危机的刺激。正如我们之前已经指出的那样，这个天堂并不总是被设想为一个纯粹的"属灵的"彼岸世界；它就属于这个世界，属于一个由信仰而改变的真实世界。瓜拉尼人渴望像他们祖先在世界开始时那样生活——用犹太—基督教的术语说，像堕落之前的亚当在天堂里的生活。这并不是一个荒诞的、独特的理念。许多其他的原始民族在其历史上的某个阶段都曾经相信有可能周而复始地回到万物受造的日子——相信有可能生活在黎明初现的完美世界里，就像它在尚未被时间消耗、被历史损毁之前的那个样子。

注　释

[1]　参见 Norman Cohn，*the Pursuit of the Millennium*，2d ed.（New York，1961）；Vittorio Lanternari，*Movimenti religiosi di liberatè e di salvezza dei popoli oppressi*（Milan，1960）；Guglielmo Guariglia，*Prophetimus und Heilserwartungsbewegungen als völkerkundliches und religiongeschichtliches Problem*（Horn，1959）；Wilhelm E. Mühlmann，*Chiliasmus und Nativismus*（Berlin，1961）。亦可参见 Sylvia Thrupp，ed.，*Millenial Dreams in Action*（The Hague，1962）；Alphonse Dupront，"Croisades et eschatologie，"in *Umanesimo e Esoterismo*，ed. Enrico Castelli（Padova，1960），pp.175—98。关于美洲殖民化的末世论意义，参见下文所引理查德·尼布尔（H.Richard Niebuhr）、查尔斯·桑福德（Charles L.Sanford）和乔治·L.威廉的著作。

[2]　查尔斯·L.桑福德（Charles L.Sanford）:《寻找天堂》（*The Quest for Paradise*，乌班纳，伊利诺伊，1961 年），第 40 页。

[3]　参见桑福德前引书，第 52 页以下。亦可参见乔治·H.威廉（George H.Williams）:《基督教思想中的旷野和天堂》（*Wilderness and Paradise in Christian Thought*，纽约，1962 年），第 65 页以下。

[4]　转引自桑福德:《寻找天堂》，第 53 页。

[5]　前引书，第 4 页。亦可参见威廉:《基督教思想中的旷野和天堂》，第 99 页以下；理查德·尼布尔（H.Richard Niebuhr）:《上帝的国在美洲》（*The Kingdom of God in America*，纽约，1937 年）。

[6]　英克里斯·马瑟（Increase Mather）:《祈祷集》（*Discourse on Prager*），转引自桑福德:《寻找天堂》，第 82—83 页。

[7]　前引书，第 83—85 页。

[8]　参见威廉:《基督教思想中的旷野和天堂》，第 101 页以下。

[9]　桑福德:《寻找天堂》，第 87 页。亦可参见威廉:《基督教思想中的

旷野和天堂》,第 168 页。

[10]　桑福德:《寻找天堂》,第 86 页。

[11]　桑福德:《寻找天堂》,第 89 页以下。

[12]　参见桑福德:《寻找天堂》,第 96 页。

[13]　前引书所引文献,第 104 页。

[14]　前引书,第 105 页以下。

[15]　桑福德:《寻找天堂》,第 93 页以下。

[16]　前引书,第 109 页以下。

[17]　即纽约(New York)。——译者识

[18]　即纽黑文(New Haven)。——译者识

[19]　所引文字见前引书,第 111 页。

[20]　桑福德:《寻找天堂》,第 112 页以下。

[21]　转引自路易斯(R. W. B. Lewis):《美国的亚当》(*The American Adam*,芝加哥,1955 年),第 14 页。早在 1789 年,托马斯·杰弗逊在写于巴黎的一封信中庄严提出,"大地在使用权上属于活着的人,对此死者既没有权利也没有权益"。(前引书,第 16 页。)

[22]　本书梭罗译文采用徐迟《瓦尔登湖》译本,吉林人民出版社 1997 年版。——译者识

[23]　阿尔弗雷德·梅特罗(Alfred Métraux):《南美的弥赛亚》(Les Messies de L'Amérique du Sud),载于《宗教社会学档案》(*Archives de Sociologie des Religions*)1957 年第 4 期,第 108—112 页。文见第 151 页。

[24]　艾龚·沙顿(Agon Schaden):《瓜拉尼印第安人生活中的天堂神话》(Der Paradiesmythos im Leben der Guarani-Indianer),载于《斯塔登研究所年鉴》(*Staden-Jahrbuch*)(圣保罗,1955 年),第 151—162 页。文见第 151 页。

[25]　阿尔弗雷德·梅特罗:《南美的弥赛亚》,第 109 页。

[26] Kurt Nimuendaju, "Die Sagon von der Erschaffung und Vemichtung der Welt als Grundlagen der Religion derApapocuva-Guarani," *Zeitschrift fur Ethnologie*, 46(1914):284—403; Alfred Métraux, "Migrations historiquesdes Tupi-Guaranis," *Journal de la Societe des Americanistes*, n.s.19(1927):1—45; Alfred Métraux, "The Guaranis," *Bureau of the American Ethnology*, *Bulletin 143*: *Handbook of South American Indians*, 3(1948):69—94; Alfred Métraux, "The Tupinamba," ibid., pp.95—133; Alfred Métraux, *Religions et magies d'Amerique du Sud*(Paris, 1967), pp.11—41; Agon Schaden, "Der Paradiesmythos im Leben der Guaranis-Indieaner"(cf.note 21); Agon Schaden, *Aspectos fundamentais da cultura guarani*, University of São Paulo, Faculty of Philosophy, Sciences, and Letters, Bulletin No. 188 (São Paulo, 1954), pp.185—204; Agon Schaden, "Der Paradiesmythos in Leben der Guarani-Indianer," *XXYth International Congress of Americanists* (Cambridge, 1952), pp.179—86。亦可参见 Maria Isaura Pereira de Queiroz, "L'influences du milieu social interne sur les mouvements mesianiques brésiliens," *Archives de Sociologie des Religions*, 5 (1958):3—30; Wolfgang H.Lindig, "Wanderungen der Tupi-Guarani und Eschatologie der Apapocuva-Guarani," in Wilhelm E.Mühlmann, *Chiliasmus und Nativisnus* (Berlin, 1961), pp.19—40; Rene Ribeiro, "Brazilian Messianic Movements," in *Millenial Dreams*, ed.Thrupp, pp.55—69。

[27] 沙顿:《瓜拉尼印第安人生活中的天堂神话》,第 152 页,以及 *Aspectos fundamentais*,第 186 页。

[28] 转引自梅特罗:《南美的弥赛亚》,第 108 页。

[29] 沙顿:*Aspectos fundamentais*,第 187 页。相信未来的灾难在特西里

瓜诺人（Txiriguano,梅特罗）、孟都鲁库人[Munduruku,R.P.
Albert Kruse,*Anthropos*（1950）,p.922]、图库纳人[Tukuna,
Nimuendaju,*the Tukuna*（Berkeley and Los Angeles,1951）,
pp.137—39]中都可以找到。

[30]　参见米尔恰·伊利亚德:《神话和现实》(纽约,1963年),第55页
以下。

[31]　沙顿:*Aspectos fundamentais*,第189页。

[32]　Nimuendaju,"Die Sagen,"p.335.

[33]　前引书,第339页。

[34]　前引书,第335页。

[35]　例如,参见Lindig,"Wanderungen der Tupi-Guarani,"p.37。

[36]　参见伊利亚德:《神话和现实》,第54页以下。

[37]　Schaden,*Aspectos fundamentais*,p.188.

[38]　艾龚·沙顿在其近作("Der Paradiesmythos,"p.153 and *XXXth
International Congress of Americanists*,p.181)中,推测天堂神话的末
世论转型可能受到了耶稣会的影响。

[39]　Schaden,*Aspectos fundamentais*,pp.189 ff.,"Der Paradiesmythos,"
pp.154 ff.(cf.n.21).

[40]　Schaden,*Aspectos fundamentais*,p.192.

[41]　前引书,第195页。

[42]　Schaden,*Aspectos fundamentais*,p.199.

[43]　Schaden,*Aspectos fundamentais*(原文如此——译者识)。

[44]　参见de Queiroz,"L'Influence du milieu social inteme,"
pp.22 ff.。

第七章 入会礼和现代世界*

朝 向 定 义

"入会礼"一语在最一般的意义上是指一系列的仪式和口头的教训,其目的是要使那个即将举行入会仪式之人的宗教和社会地位发生急剧的变化。用哲学的术语说,入会礼相当于生存状况的本体论突变。新入会者接受考验,成为全然不同的存在:他已经变成了另外一个人。概而言之,入会礼有三大范畴,或三种类型。[1]

第一个范畴是由一些仪式所构成,它们的功能是促成由儿童或青少年到成年的转变,这是某个特定社会所有成员的

---

* 本章系原名"L'Initiation et le monde modeme"(伊利亚德,1965 年)一文的翻译和修订。刊登于布里克(C.J.Bleeker,莱顿,1965 年)主编的《入会礼》一书,第1—14 页。该书是论文集,1964 年 9 月在法国斯特拉斯堡召开的一次讨论入会礼问题宣读。

我应邀就入会礼的主题作一次导论性的演讲,我决定首先阐述远古时期和传统社会的入会礼功能和意义,然后考察最近研究的进展,尤其是对心理学家、文化史家以及文学批评家所作的贡献进行品评。我相信,对于入会礼一语所指的复杂现象之研究,以一种相当典型的方式展示了归属于不同学科的学者协力合作的好处。

义务。民族志的文献将这些仪式统称为"青春期仪式""部落入会礼",或者"进入成年团体的入会礼"。

第二个范畴包括各种类型进入秘密会社,即社团(*Bund*),或者一种兄弟会的仪式。这些封闭的社团局限于单一性别,小心守护着他们的秘密。他们多数为男性,组成秘密的男性社团(*Männerbünde*),但是也有一些女性社团。尽管如此,在古代地中海和近东世界,秘仪(Mysteries)对男女都是开放的。虽然类型各不相同,我们仍然能够将希腊—东方秘仪归类为秘密的男性社团。

最后,还有第三种入会礼范畴,这种类型的入会礼和一种秘密的职业有联系。在原始宗教的层面上,这种职业乃是医师和萨满。第三种范畴的特点在于突出个人体验的重要意义。我还要补充一点,就是秘密会社型的入会礼和萨满型的入会礼有许多相同之处。原则上将它们区分开来的地方在于其出神的要素,这在萨满入会礼中具有非常重要的作用。我还可以补充的是,在所有这些范畴的入会礼中存在某种共同特性,因此从某种观点看,一切入会礼都大同小异。

青春期入会礼

部落仪式将新入会者引入精神的世界和文化价值,使之成为社会中一个负责任的成员。年轻男子不仅学习成年人的行为规范、技巧,以及风俗制度,而且学习部落的神话和神圣的传统;尤其是要学习部落和超自然神灵的神话关系,因为这些关系是在太初之时就已经确立起来了。在许多情

况下,青春期这样或那样做出关于性的启示。总之,通过入
会礼,即将入会的人渡过"自然的"——亦即儿童的生存状
态,得以进入文化的状态;也就是说,他获得了精神的价值。
在许多情况下,举行青春期仪式的时候,整个社团都在宗教
上得到更新,因为仪式重复了在神话时代超自然神灵的所作
所为。

114　　　　任何分年龄段的入会礼都需要一定数量的重大测试和考
验:和母亲分开,在一位引导者的监督下独处灌木丛,禁止食
用某些果蔬或者动物食品,敲掉一颗门牙、包皮环切术(有时
还要切口)、切割疤痕等等。神圣物品(牛吼器、神像等等)突
如其来的启示也构成了入会考验。在许多场合下,青春期入
会礼暗示着仪式性的死亡,以及随后的"复活"或"再生"。在
某些澳大利亚部落,去除门牙被解释成为新入会者的"死亡",
而施行包皮环切术的意义就更加明显。新入会者在灌木丛独
处便形同鬼怪:他们不能用他们的手指而是用嘴巴直接进食,
人们相信死者就是那样进食的。有时他们的身体涂成白色,
象征变成死者。他们幽居的小屋子代表怪物或者水怪的身
体:新入会者被看作为鬼怪吞噬,呆在他们的肚子里面,直到
他们"再生"或者"复活"。入会礼上的死亡被解释为下到地狱
(*descensus ad inferos*)或者从母胎中再生(*regressus ad uterum*),
而"复活"有时也被理解为"再生"。在有些情况下,新入会者
象征性地入土安葬,或者假装忘记他们过去的生活、他们的家
庭关系,以及他们的语言,必须重新学习这一切。有时入会者
的考验甚至达到残酷的地步。

秘 密 会 社

甚至在原始层面的文化中（例如在澳大利亚），青春期的入会礼也分为一系列阶段。在这些情况下，神圣的历史逐步被揭示。宗教经验和知识的深化需要某种特殊的职业或者突出的智慧和意志力。这个事实解释了萨满和巫医等秘密会社和兄弟会的兴起。秘密会社的入会仪式在各个方面都和部落入会礼相当：隔离、入会考验和折磨、"死亡"和"复活"、起新名字、秘密教义的启示、学习新语言等。然而，我们要指出秘密会社的若干创新特点：严守秘密、严酷的入会考验、祖先崇拜的突出地位（以面具表现祖先），以及仪式生活中至上神的阙如。至于女性社团（Weiberbüde），入会礼由一系列特殊的考验，以及有关丰产、生育和诞生的启示所组成。

入会礼式的死亡象征"自然"的、反文化的人的终结，以及通往一个新的生存模式、"诞生灵魂"，亦即这个人仅仅生活在一种"直接的"现实中。例如入会礼式的"死亡"和"复活"代表着一种宗教的过程，通过这个过程入会者变成了他者，受到诸神或者神话祖先所启示的模式的限制。换言之，一个人变成了真实的人，因为他就像超人。对于理解远古时代心灵世界的兴趣基本集中在这个事实，即入会礼表明真正的人——也就是属灵的人——并不是既定的，不是一个自然的过程。他是由师傅"制造"出来的，以适应于神话时代的神灵所启示的模式。这些师傅构成了远古时代的社会精英。他们主要作用是把存在的深层意义传递给下一代，帮助他们承担起"真正的人"的责任,因而积极地参与文化生活。但是,由于文化对远古的和传统的社会而言,意味着一整套从诸神那里接受的价值观,入会礼的功能因而可以做如下的概括:它向每一代新人揭示了一个通向超人的世界,一个可以说是"超越的"世界。

萨满和巫医

至于萨满的入会礼,它们由出神的经验(亦即梦幻、异象、昏迷)及神灵或老萨满师傅传授的指导(亦即萨满术、神灵的名字和智能、神话和支派的家谱、秘密语言)所构成。有时入会礼是公开的,包括丰富的内容各异的仪式;布里亚特人(Buryat)就是这种情形。但是缺乏这类仪式并不是说明没有入会礼;入会礼很有可能是在即将入会的梦幻或者出神体验中进行。在西伯利亚和中亚,受到召唤做萨满的年轻人要经历精神的变态性考验,在此期间他被认为受到那些在充当入会礼的师傅的妖魔鬼怪的折磨。这些"入会礼式的疾病"一般表现为以下特点:(1)身体遭到折磨和肢解;(2)刮破身体和饿到皮包骨头;(3)取代器官,更新血液;(4)游历冥界,接受魔鬼和死去萨满灵魂的教导;(5)升天;(6)"复活"亦即进入一种新的生活模式,亦即得到祝圣的个体能够与诸神、魔鬼和死者灵魂交流。在澳大利亚的巫医的入会礼上多少也能发现类似的范型。[2]

我们对伊流欣努秘仪及希腊秘仪所知甚少,这表明参加秘仪者的核心经验有赖于其崇拜仪式的神圣创始者的死亡与复活的启示。多亏了这种启示,参加秘仪者获得另外一种至上的生存模式,同时在死后获得更好的命运。

最近关于"原始人"入会礼的著述

稍稍评论一下过去三四十年研究各种入会礼范型的成果,是一件有趣的事情。我们不想对这一时期出版的所有重要研究作出评价,也不讨论它们内在的方法论。我们只提到某些作者和若干书名,以便展示这些研究的趋势。从整体上看,我们必须指出,虽然有一些关于某些特定入会礼的研究已经问世,但是只有为数不多的著作通过阐述入会礼的完整性来表现其复杂性。人们可以引用布列姆(O.E.Briem)《秘仪的秘密会社》(*Les Sociétés secrètes des Mystères*,法译本,1941年),布克尔特的《秘密文化》(W.E.Peuckert,*Geheimkulte*,1951年),伊利亚德的《诞生与再生》(1958年)、《神秘的复兴》(*Naissances des mystique*,1959年),以及弗兰克·W.扬(Frank W.Young)的近著《入会礼仪式》(1965年),和吉奥·维登格伦(Geo Widengren)在斯特拉斯堡会议上的书评(载于布里克主编的《入会礼》,第287—309页)。

同样的特点一般也适用于"原始人的"入会礼的研究。杨森(Ad.E.Jensen)出版了一部颇有启发也引起争议的著作《原始民族的割礼和成年礼》(*Beschneidung und Reifezeremonien bei Naturvolkern*,1933),图恩瓦尔德(R.Thumwald)的一篇重要的论述再生仪式的文章,而最近某些美国人类学家也重新考察了青春仪式功能。[3]另一方面,还有许多区域性的研究专著。由于我们不能引用所有著作,我们可以提到以下这些,关

117

于澳大利亚和大洋洲的,有 A.P.埃尔金(Elkin)的《高级的土著民族》(1946 年),以及伯恩特(R.M.Berndt)的《库纳皮皮人》(1951 年),斯派瑟尔(F.Speiser)[4]、派丁顿(R.Pidding-ton)[5]、托马斯(D.F.Thomas)[6]的研究,莱亚德(J.Layard)[7]、穆尔曼(W.E.Mühlmann)[8]、施莱锡耶(E.Schlesier)以及施密茨(C.A.Schmitz)[9]的著作和文章。关于美洲的,我们将要引用的是 M.古辛德[10]、德古耶(De Goeje)[11]、哈克尔(J.Haeck-el)[12]、缪勒(W.Müller)[13],以及其他学者。关于非洲,我们注意到有约翰森(E.Johanssen)的《班图民族的秘仪》(1925 年)、彼特米奥(L.Bittremieux)的《巴基穆巴(Bakhimba)人的秘密会社》(1934 年)以及维尔吉雅(A.M.Vergiat)的《欧班基人(Oubangui)的秘密仪式》(1936 年)、奥德雷·I.理查德(Audrey I.Richards)关于贝姆巴人(Bemba)女孩成年礼的著作《奇桑古》(*Chisungu*,1956 年),以及尤其是扎汗(D.Zahan)关于班姆巴拉人(Bambara)入会礼的研究。[14]

多亏了最近的研究,我们现在拥有关于某些原始民族入会礼的确切的甚至丰富的信息,例如古辛德关于火地岛人的,以及扎汗和奥德雷·理查德关于某些非洲部落的研究,卡尔·劳费尔关于班宁(Baining)仪式,以及派丁顿、埃尔金及伯恩特关于澳大利亚入会场景的研究。另一方面,对各种形式入会礼的理解由于维尔纳·缪勒、穆尔曼、扎汗及其他学者富有启发的分析而得到极大改进。

秘传宗教;印欧人的秘密会社

然而,最近出版的有关秘传宗教的著作则具有某种怀疑论的特点。诺克(A.D.Nock)在 1952 年指出,我们关于希腊秘传宗教信息是晚出的,甚至反映了基督教的影响。[15] 1961年,梅洛纳斯(G.F.Mylonas)在其所著《伊流欣努以及伊流欣努秘仪》中宣称,对于秘密仪式我们几乎一无所知,也就是说,对于进入秘传宗教的入会礼一无所知。在斯特拉斯堡会议上提出了对希腊和希腊化时期入会礼的新研究,最近卡尔·克伦尼(Karl Kerényi)出版了一部研究伊流欣努的比较具有建设性的著作。[16]

　　与此相对照,在 30 年代之前多少受到忽视的一个研究领域却发生了巨大的进步,这个领域便是不同印欧民族的青春期仪式和秘密会社。人们只要提到莉莉·韦瑟尔(Lily Weiser,1927 年)以及奥托·霍夫勒(Otto Höfler,1934 年)关于日耳曼人的入会礼,威登格伦和斯蒂格·维干德(Stig Wikander)关于印度—伊朗人的入会礼与神话,以及乔治·杜米兹(George Dumézil)关于日耳曼人、罗马人及凯尔特人的入会礼的研究,就可以看到实现了多么巨大的进步。[17]我们还要补充的是,古典学家 W.F.杰克逊·奈特(Jackson Knight)出版了一本短小精悍的专著《火炬门》(Cumaean Gates,牛津,1936 年),书中试图考证并且阐述在《埃涅阿斯纪》第六部中的入会礼因素。最近,嘉吉(J.Gagé)研究了古罗马女子入会礼。[18]让梅尔(H.Jeanmaire)的出色著作《少年与克瑞忒斯神:论斯巴达教育和古希腊少年仪式》(1939 年)特别值得一提:这位已故的希腊学家令人信服地重构了忒修斯传奇、地母节(Tesmophories)以及斯巴达人的吕库古(Lycurgus)确立的制度中的入会礼场景。让梅尔的事业并非单打独斗。布列希

119

（A.Brelich）阐述了穿一只凉鞋的奇异的希腊习俗中的入会礼含义。[19]此外,在《古希腊英雄:一个历史宗教问题》(*Gli Eroi Greci*, *Un problema storico-religioso*,罗马,1955 年),布列希再次采纳并阐发了让梅尔关于女性入会礼及忒修斯进入迷宫的入会礼含义。[20]与此相类似,玛丽·德尔克特(Marie Delcourt)成功地释读了赫菲斯托斯(Hephaistos)神话中的某些入会礼因素。[21]

最近,梅尔克贝克(R.Merkelback)出版了一部重要著作《古典时期的罗马人和秘仪》(*Roman und Mysterium in der Antik*,慕尼黑和柏林,1962 年),他在书中试图证明希腊—罗马小说——《阿摩尔和普叙刻》及《以弗所传奇》或《埃塞俄比亚传奇》——都是"秘仪文本",亦即由一种入会礼而转变成为叙事文本。图尔坎(R.Turcan)在其长篇书评中并没有对其宗教意义提出争议,甚至根本没有提到存在于某些亚历山大里亚的叙事中的秘仪。但是他拒绝在这些充斥着陈词滥调和回忆的文学文本里面阐发某些具体的关于秘仪的暗示。我们在这里不拟讨论这两种研究路径的方法论是否有效。[22]但是,像梅尔克贝克这样有身份的古典学家也认为,他可以在希腊文本中找到一个具有入会礼结构的秘密宗教经验的证据,这点就非同寻常了。

口传文学中的入会礼范型

以这样一种视角来面对口传和文字的文献似乎是我们时代的一个研究重点,也和我们对现代人的理解是相关联的。

事实上,迄今为止我们已经见证了历史学家、批评家和心理学家的共同努力,以发现文学作品中超越真正艺术范围的价值和意图。例如我们可以提到中世纪的浪漫小说赋予亚瑟、费舍尔王、帕西法尔和其他投身寻找圣杯的英雄以重要的作用。研究中世纪的学者已经指出,凯尔特神话中的主题和人物与亚瑟传奇的情节和人物之间存在连续性。这些情节大多具有入会礼的结构:总是有着英雄为了某种奇妙的物品,到另外一个世界开始一次漫长的、戏剧化的"寻找"。人们对于这些谜一般的浪漫小说有时候还会做大胆的解释。例如,一些博学多才的学者如杰西·L.威斯顿(Jessie L.Weston)毫不犹豫地断言,圣杯传奇保留了一种古代入会仪式的痕迹。[23]

121

这个观点并未得到专家的首肯。但是,威斯顿著作引起了文化上的巨大共鸣,意义重大。这不仅是因为艾略特(T.S. Eliot)在读了它之后写下了《荒原》,而且尤其因为这本书的大获成功,将公众的注意力吸引到亚瑟浪漫小说中的诸多入会礼符号和母题中。只消读一读让·马克思(Jean Marx)出色的综合性著作《亚瑟传奇和圣杯》(1952年),或者安多涅·菲尔兹-莫尼埃(Antoinette Fierz-Monnier)的专著[24],我们就可以认识到,这些入会礼的母题和象征由于其存在,即使与实际的入会礼情节无任何始源性的关联,也起到了重要的作用。换言之,它们参与一种想象的世界,对于人类的存在而言,这个世界的重要性绝不亚于日常生活的世界。

类似的解释也被用于其他口传文学。林德赛(J.Lindsay)在研究新希腊史诗《双生的边民》(Digenis Akritas)时写道:

可是如果我们更深一层去考察《第根尼斯·阿克里

塔斯(双重的边民)》的意义时,就可以看到,入会礼的用语双生(Twinborn),用于指那位成功经受考验和试炼的年轻人。我们可以称我们的主人公代表着入会礼仪式,这个年轻人无与匹敌,战胜了危机时刻的黑暗势力,因此象征着他的民族的死亡和更新。这种解释与民谣和短曲中围绕第根尼斯以及在关于其坟墓和他的赫拉克勒斯大棒的民间信仰中表现的诸多丰产仪式的因素是相一致的。[25]

在论述西藏史诗和西藏流浪诗人的重要著作中,石泰安(R.A.Stein)澄清了萨满和民间诗人的联系;此外,他还证明,流浪诗人从一个神那里领受了他的歌,为了领受这些启示,流浪诗人必须接受一次入会礼。[26]至于在 Fedeli d'Amore 的神秘诗歌中的入会礼因素,瓦里(L.Valli)在 1928 年、李克菲(R.Ricolfi)在 1933 年(以一种更为缜密的方式)加以强调。[27]亨利·科宾雄辩地将阿维森纳的一篇文章解释为"入会礼的颂文"。这位作者在其作品中还进一步阐述哲学、诺斯和入会礼之间的关系。[28]

正如我们所期待的那样,人们也以类似的观点研究民间故事。早在 1923 年,圣蒂夫(P.Saintyves)将某些民间故事解释为伴随有秘密仪式的"文本"。1946 年,苏维埃民间故事学者普洛普(V.Ia.Propp)甚至走得更远:他在民间故事中分辨出了某些"图腾入会礼"的踪迹。[29]我们在其他地方已经表明,这种假设为何没有可能性[30],但是重要的是这个观点得到系统的阐述。我们还必须补充的是,荷兰学者扬·德弗利(Jan de Vries)证明,在英雄传奇甚至在某些儿童游戏中,入会礼主题

也是经常出现的。[31]在一部象征主义的民间故事的大部头著 123
作里，瑞士作家赫维希·冯·拜特（Hedwig von Beit）根据荣
格心理学考察了入会礼的母题。[32]

心理分析学家和文学批评家的贡献

同样，我们的主题也为心理分析学家所吸引。弗洛伊德
曾积极鼓励奥托·兰克（Otto Rank）研究英雄神话。自此以
往，关于入会礼的仪式和象征的心理分析文献持续增长。我
们可以引用最近对青春期意识的分析性解释的贡献，它们也
是极具独创性的：布鲁诺·贝特海姆（Bruno Bettelheim）《象
征性的受伤》（1954 年；新版，1962 年）。但是，对文学作品的
分析性解释才更具有启发性。1934 年，莫德·博金斯（Maud
Bodkins）出版了她的著作《诗歌原型的类型》（Archetypal
Patterns in Poetry），作者运用荣格的"新生的原型"理论，将柯
勒律治的《古代航海家》以及艾略特的《荒原》解释为入会礼
（无意识）的诗性投射。

最近，在《奈尔瓦尔：体验和创造》（Nerval：Experience et
Creation，1963 年）一书中，让·里歇尔（Jean Richer）以极为精
准的方式分析了《奥雷利亚》（Aurelia）中的入会礼结构。事实
上，杰拉德·德·奈尔瓦尔自己也意识到他的体验中所具有
的仪式意义。"当我断定我臣服于秘密入会礼的考验时，"她
写道，"一种不可战胜的力量就进入我的灵魂。我认为自己就
是一个活着的英雄，得到了诸神的看顾。"[33]里歇尔认为，俄耳
浦斯进入地狱的主题主导着奈尔瓦尔整个的文学创作。众所

周知,下到地狱(*descensus ad inferos*)恰好正是构成入会礼的考验。当然,奈尔瓦尔阅读了大量神秘的赫尔墨斯派作品。但是很难相信,有着像他这样胸襟的诗人因为阅读了一些有关入会礼主题的著作就会选择入会礼的结构。此外,奈尔瓦尔确实感觉到有必要用入会礼的语言来表达他真实的或者想象的体验。

文学批评家也发现,在一些并不熟悉神秘文学的作家里面也有类似的主题。例如,儒勒·凡尔纳就是一个例子;他的一些小说——尤其是《地心游记》《神秘岛》《喀尔巴阡城堡》——被解释成为入会礼小说。人们只要读一下列昂·塞利耶(Leon Cellier)研究法国浪漫主义时期的入会礼小说,就可以理解文学批评给我们研究带来的贡献。[34]

美国文学批评家在这个方向上走得颇远。甚至可以说有许多批评家是从宗教史学家的视野来解释文学创作。神话、仪式、入会礼、英雄、仪式性的死亡、再生、复活等等,如今成了文学解释的基本术语。有许多书籍和文章分析隐藏在短篇小说和长篇小说之下的入会礼情节。不仅从《白鲸》,而且从梭罗的《瓦尔登湖》[35],从库柏和亨利·詹姆士的小说[36],甚至吐温的《哈克贝利·费恩历险记》和福克纳的《熊》中[37],都考证出了这些情节。最近出版的《激进的纯真》(1963年)一书,作者伊哈布·哈桑,专辟一章集中讨论"入会礼的辩证法",列举了谢尔伍德·安德森、司各特·菲兹杰拉德、沃尔夫以及福克纳的作品。

可能某些重要作家的生平——亦即他们的危机、痛苦和考验——可以按照此种"入会礼的辩证法"加以解释。正如我们所见，里歇尔从《奥雷利亚》解读出来的入会礼的范型表明，杰拉德·德·奈尔瓦尔经历了一场危机，其深刻程度不亚于一场通过仪式。奈尔瓦尔的情况并非例外。我并不知道，是否也以同样的观点分析例如歌德的青年时代。但是在《诗与真》里，老年歌德描述了他狂飙突进运动的剧烈体验，令人联想到"萨满教式的"入会礼体验。歌德谈到那些年的骚动、怪癖和不负责任。他承认，既浪费了时间，又浪费了才华，他的生命毫无目的、毫无意义。他生活在"混沌状态"（亦即心理上和精神上的不稳定)，他"被肢解，被大卸八块"。众所周知，肢解和大卸八块乃是萨满入会礼的典型特点。正如萨满通过入会礼而重新整合成为一个更加强壮和更加有创造性的人，也可以说在狂飙突进时期过后，歌德就克服了他的不成熟，变成了他生命及创造力的主人。

125

对于现代世界的意义

在此，我们不想判断这种研究的有效性和结果。但是，再说一次，某些文学作品，无论古今，都被历史学家、文学批评家及心理分析学家解释为通过无意识和入会礼有直接的联系，这一点可谓意义深远。意义深远的理由有这样几个。首先，入会礼以其最为复杂的形式激发并且引导精神的活动。在一些传统文化里，诗歌、演出及智慧文学都是由学徒型的入会礼所直接产生的。实际上值得我们去研究一下入会礼和最"高贵的"、最富创造性的文化表现形式之间的关系。我们已经在别处指出，苏格拉底助产术亦有入会礼的结构。[38] 人们也可以在入会礼的功能与胡塞尔现象学的努力之间建立某种类似的和谐关系。实际上，现象学分析意在压抑"世俗"的体验，亦即"自然人"的体验。胡塞尔所言人的"自然倾向"对应于传统文化的"世俗的"、前入会礼的阶段。通过青春期仪式，新入会者获得进入神圣世界，亦即通往被认为是其文化中真实的、有意义的世界的通行权，正如通过现象学还原，作为我思的主体成功地把握了世界的实在性。

但是，这种研究对于我们理解现代世界的西方人也是很有意义的。想要解读文学、戏剧中的入会礼情节的愿望，不仅表明这是对作为精神的再生和转型过程的入会礼的一种重新评价，而且也是某种对相同体验的乡愁。在西方世界，在传统的以及严格意义上的入会礼消失已久。但是入会礼的象征和情节在无意识层面，尤其是在梦幻和想象的宇宙中继续存在。如今人们怀着极大的兴趣研究这些残余，这在五六十年前是难以想象的。弗洛伊德证明某些存在的倾向和决定并不是有意识的。因此，对于文学和艺术作品中入会礼结构的强烈吸引力是极具启发性的。马克思主义和深层心理学已经揭示，当人们想要发现一个行为、一个行动或者一个文化创造的真实的——或者太初的意义时，即所谓去神话化的效用。就我们所研究的而言，我们不得不尝试一种相反的去神话化；也就是说，我们不得不将表面上的世俗世界和文学、造型艺术及戏剧的语言加以"去神话化"，以便揭示它们的"神圣"因素，尽管这当然是一种无知的、隐蔽的或者低级的"神圣"。在一个像我们这样的去神圣化的世界里，"神圣"主要在想象的宇宙里呈现并发生作用。但是想象的体验是整个人类的一部分，其重要性绝不亚于他的日常体验。这意味着对入会礼考验和情节的怀念之情,在许多文学和造型艺术中解读出来的乡愁,揭示了现代人渴望一种整体的、决定性的更新,一种能够极大改变其生存的更新。

正是由于这个原因,我们对最近研究所作的短评不仅代表着对宗教史学、民族学、东方学及文学评论等学科令人感兴趣的贡献,它们还可以解释为当代文化重组的典型表达。

注　释

[1]　参见米尔恰·伊利亚德:《诞生和再生》(纽约,1958 年)[法译本: *Naissances Mystique*(巴黎),1959 年]。

[2]　参见米尔恰·伊利亚德:《萨满教:古代出神术》(纽约,1964 年), 第 33 页以下,第 508 页以下。

[3]　R.Thurnwald, " Primitive Initiation-und Wiedergeburtsriten, " *Eranos Jahrbuch*, 7(1946):321—28;亦可参见 E.M.Loeb, *Tribal Initiation and Secret Societies*, University of Califomia Publications in American Archaeology and Ethnology, vol.XXV(Berkeley and Los Angeles, 1929), pp.249—88; J.W.M.Whiting, R.Kluckhohn, and A.Anthorny, "The Functions of Male Initiation Ceremonies at Puberty," in *Reading in Social Psychology*, ed. E.E.Maccoby, Theodore Newcomb, and C.Hartley(New York, 1958), pp.350—70; Edward Norbeck, D.Walker, and M.Cohn, "The Interpretation of Data: Dubetty Rites," *American Anthropologist*, 64(1964):463—85。

[4]　F.Speiser, "Uber Initiationen in Australien und Neuguinea," in *Verhandlungen der Naturforschenden Gessellschaft in Basel* (1929), pp.56—258; "Kulturgeschichtliche Betrachtungen über die Initia-

tionen in der Sudsee," *Bulletin der Schweizerischen Gesellschaft für Anthropologie und Ethnologie*, 22(1945—46):28—61.

[5]　Ralph Piddington, "Karadjeri Initiation," *Oceania*, 3(1932—33): 46—87.

[6]　Donald F.Thomason, "The Hero-Cult, Initiation and Totemism on Cape York", *The Journal of the Royal Anthropological Institute*, 63 (1933):453—537;亦可参见 E.Worms, "Initiationsfeiem einiger Kusten-und Binnenlandstamme in Nord-Westaustralien", *Annali Lateranensi*, 2(1938):453—537。

[7]　John W.Layard, *Stone Men of Malekula*(London, 1942); "The Making of Man in Nord-Westaustralien", *Eranos Jahrbuch*, 16 (1948):209 ff.

[8]　W.E.Mühlmann, *Arioi und Mamaia*(Wiesbaden, 1955).

[9]　Erhard Schlesier, *Die melanesische Geheimkulte*(Gtittingen, 1956); 亦可参见 C.A.Schmitz, "Die Initiation bei den Pasum am Oberen Rumu, Nordost-Neuguinea," *Zeitschrifi für Ethnologie*, 81 (1956):236—46; "Zum Problem des Balumkultees," *Paideuma*, 6 (1957):257—80. Dr.P.Hermann Bader, *Die Reifefeiern bei den Ngadha* (Mödling, n. d.); C. Laufer, "Jugend-initiation und Sakraltänze der Baining", *Anthropos*, 54(1959):905—38; P.Al-phons Schaefer, "Zur Initiantion im Wagi-Tal, " *Anthropos*, 33 (1938):401—23; Hubert Kroll, "Der Iniet. Das Wesen einen melanesischen Geheim-bundes," *Zeitschrifl für Ethnologie*, 70 (1937):180—220。

[10]　M.Gusinde, *Die Yamana*(Mödling, 1937):180—220.

[11]　C.H. de Goeje, "Philosophy, Initiation and Myths of the Indian Guiana and Adjacent Counties, " *Internationales Archiv für Ethnog-*

raphie，44(1943)；亦可参见 A.Metraux，"Les tites d'inition dans le vaudou haïtien Tribus，" 4—5 (1953—55)；177—98；*Les vaudou haïtien*(Paris，1958)，pp.171 ff.。

[12] Josef Haeckel，"Jugendweihe und Männerrfest auf Feuerland，" *Mitteilungen der Oesterreichischen Gesellschaft für Anthropologie，Ethnologie und Prähistorie*，74—77(1947)；84—114；"Schutzgeistsuche und Jugendweihe im westlichen Nordwestkuste Nordamerikas，" *Mitteilungen der der Anthropologische Gesellshaftin Wien*，83(1947)；176—90.

[13] W.Müller，*Die blaue Hütte*(Munich，1941).

[14] Dominique Zahan，*Sociétés d'initiation bambara*(Paris，1960)；亦可参见 Leopaold Walk，"Initiationszeremonien und Pubertätriten der Südafrikanischen Stümme"，*Anthropos*，23(1928)；861—966；M. Planquaert，*Les societies secretes chez lex Bayaka*(Louvain，1930)；E. Hildebrand，*Die Ceheimbunde Westafrikas als Problem der Religionswissenschaft*(Leipzig，1937)；H.Rehwald，*Geheimbünde in Africa* (Munich，1941)。

[15] A.D.Nock，"Hellenistic Mysteries and Christian Sacraments"，*Mnemosyne*，1952，第 117—213 页。参见伊利亚德的《诞生和再生》索引书目，第 162 页注解 15，第 163 页注解 16，第 164 页注解 33。

[16] 参见 Bleeker，*Initiation*，pp.154—71；C.Kerényi，*Eleusis Archetypal Image of Mother and Daughter*(New York，1967)。

[17] Lily Weiser，*Altgermanische Junglingsweihen und Männerbünde*(Baden，1922)；Otto Höfler，*Kultische Geheimbunde der Germanische* (Franfurt am Main，1934)；Geo Widengren，*Hochgottglaibe Im alten Iran*(Uppsala，1938)，pp.311 ff.，and "Stand und Aufganben

der iranischen Religionsgeschichte," *Numen*, 1(1955):16—83, especially pp. 65 ff.; Stig Wikander, *Der arische Männerbünde* (Lund, 1938); George Dumézil, *Mythes et Dieux des Germanins* (Paris, 1939), pp.79 ff., and *Horace et les Curiaces*(Paris, 1942); 亦可参见 Alwyn Rees and Brinly Rees, *Celtic Heritage*(New York, 1961), pp.246 ff., 以及伊利亚德《诞生与再生》的书目, 第15—16页, 注解2、4、7—11。Marijan Molé 倾向于认为, 至少在古代, 越过"判别之桥"(Cinvat Bridge)被认为是一种入会礼考验; 参见"Daena, le pont Cinvat et L'Initiation dans le Mazdeisme", *Revue de l'Histoire des Religions*, 157(1960):155—85, especially p.182。

[18] J.Gagé, *Mantrolia.Essai sur les dévotions et les organizations culturelles defemmes dans l'anncienne Rome* (Bruseels, 1963); 参见 Brelich, *studi e Marteriali di Storia delle Religioni*, 34(1963):355 ff.。

[19] A.Brelich, "Les monosandals," *La Nouvelle Clio*, 7—9(1955—57):469—84;亦可参见布里克(Bleeker)主编的《入会礼》(*Initiation*)一书所收布列希的文章, 第222—231页。

[20] 关于迷宫的入会礼象征, 参见 Clara Gallini, "Pontinjia Dapuritois," *Acme*, 12(1959), pp.149 ff.。

[21] Marie Delcourt, *Héphaistos ou la légend du magician* (Liège and Paris, 1957).

[22] 亦可参见 *Beiträge zur Klassischen Philologie*, ed.Reinhold Merkelbach (Meisenheim am Glan); Ingrid Löffler, *Die Melampodie, Versuch einer Rekonstrucktion des Inhalts* (1962); Udo Hetzner, *Andromeda und Tarpeia* (1962); Gerhard Binder, *Die Aussetzung des Konigkindes* (1962)。

[23] Jessie L.Weston, *From Ritual to Romance*(Cambridge, 1920).

[24] *Initiation und Wandlung*：*zur Geschichte des altfranzösischen Romans in XII Jahrhundert*(Bern，1925)。最近,亨利·卡哈尼和热内·卡哈尼(Henry and Renée Kahane)论述了帕西法尔中的赫尔墨斯材料;他们指出其中的某些入会礼成分(考验,第 40 页以下;再生,第 74 页以下;化身为神,第 105 页以下)。

[25] L.林德赛:《欧洲的拜占庭》(伦敦,1952 年),第 370 页。

[26] R.A.Stein，*Recherches sur l'epopée et le barde au Tibet*(Paris，1959)，尤其是第 325 页以下,第 332 页以下等等。

[27] 参见伊利亚德:《诞生和再生》,第 126 页以下。

[28] Henry Corbin，*Avicenne et le récit visionary*（Tehran and Paris，1954)［英文译本,*Avicenna and the Visionary Recital*（纽约，1960 年)］;亦可参见"Le Récit d'Initiation et l'Hermetisme en Iran"，*Eranos Jahrbuch*，17(1949)：149 ff.。

[29] P.Saintyves，*Les conte de Perrault et les recit parallèles*(Paris，1923)；V.Ia.Propp，*Istoricheskie kornivolshebnii skazki*(Leningrad，1946)。

[30] 米尔恰·伊利亚德:"Les savants et les contes de fées"，*La Nouvelle Revue Française*，1956 年 5 月,第 884—891 页;参见米尔恰·伊利亚德:《神话和现实》(纽约,1963 年),第 195—202 页。

[31] Jan de Vries，*Betrachtungen zunm Märchen*，*besonders in seine Verhältnis zu Heldensage und Mythos*，FF Comm.No.150 (Helsinki，1954)；*Heldenlied en heldensage*（Utrecht，1959)，pp.194 ff.；*Untersuchung über das Hüpfspiel*，*Kinderspiel-Kulttanz*，FF Comm.No.173 (Helsinki，1957)。

[32] Hedwig von Beit，*Symbolik des Märchens*（Berne，1952)；*Gegensatz und Emeurung im Märchens*(Berne，1956)。参见我们在《批评》第 89 卷(1954 年 10 月)第 904—907 页提出的看法。

[33] 转引自 Jean Richer，*Nerval*，p.512。

［34］ Leon Cellier, "Les Roman initiatique en France au temps du romantisme," *Cahiers Internationaux de Symbolisme*, no 4. (1964), pp.22—40.

［35］ Stanly Hyman, "Henry Thoreau in our Time," *Atlantic Monthly*, November, 1946, pp. 137—76;亦参见 R. W. B. Lewis, *The American Adam*(Chicago, 1955), pp.22 ff.。

［36］ 参见 Lewis, *American Adam*, pp.87 ff., 98 ff.。

［37］ 参见 R.W.B.Lewis in *Kenyon Review*, Autumn, 1951, and *The Picaresque Saint*(New York, 1961), pp.204 ff.。

［38］ 参见伊利亚德:《诞生和再生》,第 114 页。

第八章 宗教二元论导论：
雌雄同体和两极对立

问 题 史 说

宗教和哲学的二元论，无论是在欧洲还是亚洲，可谓历史悠久。在此我不想讨论这个巨大难题。但是，从 20 世纪开始，二元论和其他相关问题，例如两极对立、对抗性和互补性，从一种新的视角加以研究，我们仍然为这些研究的结果所吸引，尤其是它们提出的若干假设。这种视角的调整当然来自杜尔克姆和莫斯，"分类的几种原始形式：集体表现之研究"[1]。作者没有考察二元论或者两极对立的问题，但是他们提出了几种社会分类的类型，它们最终都是以一种类似的原则，亦即自然和社会的二元分化为基础的。这篇文章尤其在法国引起了极大的共鸣。事实上，它展示了可以称之为唯社会学论——亦即一种被抬高为极权主义教条的社会学——最主要而且最突出的表现。杜尔克姆和莫斯相信，他们已经证明，观念乃是由社会所提供的一种模式。他们认为，在社会制度和逻辑系统之间存在一种密切联系。如果宇宙多少可以划

128　分为复杂区域(天和地、高和低、右和左,以及四个方向等),那么其理由就在于社会划分为部落和图腾。

　　我们不需要讨论这个理论。只消说杜尔克姆和莫斯并没有——事实上,他们也未能——证明社会就是分类体系的二元分化或三元分化的分类的原因或模式就足够了。[2]只是可以说同样的分类原则既充满了宇宙,也充满了社会。如果人们想要找到先在(preexistence)的混沌中确立秩序之原则的"起源",它毋宁应在方向感的最初的体验中去寻找。

　　不管怎样,杜尔克姆和莫斯的专著引起了巨大的回响。在为"分类的若干原始形式"的英译本所作的导论中,尼达姆引用了许多受到此文启发或指导的作者和著述。我们需要提到的有,其中最为著名的由罗伯特·赫尔兹(Robert Hertze)论述右手优越性的文章。作者得出结论,认为二元论乃是原始人思维的基本原则,它主宰着其全部的社会组织;相应地,右手被赋予的优越性就必须用区分神圣(天、男、右等)与世俗(地、女、左等)的宗教的两极对立来解释。[3]至于杰出的汉学家葛兰言(Marcel Granet),他在1932年毫不犹豫地写道,"这本寥寥数页的(即杜尔克姆和莫斯的)专著理应标志着汉学研究史的一个时代"[4]。

　　在20世纪前二十五年,多亏了社会和政治制度的知识不断增长,对于汗牛充栋的二元分化类型的社会组织以及形式多样的"二元分化",学者们有着深刻印象而且深感兴趣。伴129　随着杜尔克姆及其追随者的唯社会学论,一种"融合论"的学派在英格兰兴起并占据了主流。它的拥趸者认为,二元分化型的社会组织乃是由于历史事件,尤其是两种不同的民族的相互交融所致,胜利的入侵者建构了一种能够与当地原住民相互合作的社会制度。W.H.R.里维斯(Rivers)就是以这种方式解释了美拉尼西亚二元组织的起源。[5]

我并不打算在此分析英国兼容并蓄学派的意识形态和方法。然而,它并不是一个孤立现象。这是一场完整的运动——拉采尔(Ratzel)曾经预见,由格拉布纳(F.Graebner)和威廉·施密特(Schmidt)加以系统阐述和有所发展地致力于将时间的维度,因而也是历史的方法引入民族学。里维斯和他的弟子将自己和这场运动联系在了一起,但是并不赞同格拉布纳和施密特的历史学方法。有两个基本的想法启发了这些研究:一方面他们相信,"原始人"并不代表着自然的民族(*Natur-völker*),而是由历史所构成的;另一方面,他们假设了一个原则,即远古的、传统的社会的创造性极为低下甚至不存在,因而不同文化的相似性只能用兼收并蓄加以解释。

在英国,里维斯去世之后,兼收并蓄论在艾略特·史密斯和佩里(W.J.Perry)的影响下表现为泛埃及主义的形式。佩里在其所著《太阳之子》(1925 年)中将历史的演进作了以下解释:在印度、印度尼西亚、大洋洲和北美洲,社会组织的早期形式都是二元结构,除了食物采集者外,他们均以家庭组织结合在一起。部落的二元分化和特定的文化元素整合一起,其中最重要的元素便是图腾氏族制度、灌溉技术、巨石建筑、抛光工具等等。史密斯和佩里都认为,所有这些文化元素都起源于埃及。他们论证道,自第五王朝以来,埃及人就长途跋涉,寻找黄金、珍珠、黄铜、香料等等。这些"太阳之子"每到一处都随身带有这些元素,将他们的社会组织及他们的文明(亦即

灌溉、巨石等)强加给当地的居民。总之,泛埃及主义者认为,
以食物采集和狩猎为特征的大多数古代世界的统一性,表明
原始人创造性之贫乏;与此同时,传统社会的彻底的统一性及
它们的二元结构,透露出它们直接或者间接地依赖于埃及文
明,因而再一次表明人类创造的穷乏。

　　哪天我们去分析一下,这种泛埃及主义的兼收并蓄论学
派为何如此令人吃惊地流行一时——但是转瞬即逝的理由,
一定是不无裨益的。由于艾略特·史密斯、佩里,原始文化的
"历史化"达到了顶峰。所有古代世界,从大洋洲到北美,虽然
差异甚大,却被赋予了一种"历史",但这是被同一个人类组
织——"太阳之子",或者他们的代表、模仿者或者追随者——
赋予了同一个历史。这个"历史",从世界的一极到另一极都
是整齐划一的,它被假定有着第五王朝的埃及这个唯一的中
心和起源。在佩里看来,这种统一性最有力的证明就是包含
有一种社会的对立的二元分化的二元组织结构的存在。

历史决定论和还原论

　　总之,到了 20 年代,社会和世界的二元分类,以及所有存
在二元分类的宇宙结构、神话和仪式,都被认为具有社会的起
源(杜尔克姆及其追随者),或者有着"历史的"起源;在后面这
种情况下,它来自两个民族集团的混合:少数开化的征服者以
及多数徘徊于原始阶段的原住民(艾略特·史密斯和泛埃及
论者)。并非所有"历史决定论者"都沉迷于这些极端的兼收
并蓄论的过分观点。但是面对某种形式的"二元性",他们倾

向于将其作"历史性的"解释,也就是说,将其解释为两种不同民族相遇后发生混合的所致。例如,皮加尼尔(A.Piganiol)在《论罗马的起源》(1916年)一书中,将罗马民族的形成解释为拉丁人,亦即印欧人与萨宾人的联合,这位法国学者认为,后者是地中海民族集团。

131

> 至于他们的宗教,印欧人实行火葬,而萨宾人则为土葬……印欧人将火坛、男性之火、太阳和鸟的崇拜,以及对人祭的厌恶引入意大利;萨宾人则流行用血涂抹在石头祭坛上,崇拜月亮和蛇,以及杀死人牲。[6]

自1944年以来,乔治·杜米兹耐心地、一点一点地摧毁这个建构。[7]我们现在知道,这两种葬礼模式——火葬和土葬并不反映民族的二元性。事实上,这两种模式经常并存着。[8]关于罗慕洛和他的罗马人与提多·塔修斯和他的萨宾人之间的战争,杜米兹证明这种战争是印欧神话中反复出现的主题;他将其与另外一种神话战争,即斯堪的纳维亚传说中的两个神族阿希思和瓦尼斯(Ases and Vanes)之间的战争进行比较。如同在罗马人和萨宾人之间一样,阿希思和瓦尼斯之间的战争并没有经过一场决战而定胜负。由于害怕两败俱伤,他们缔结了和约。瓦尼斯的主要神灵——尼约尔德尔和弗莱尔以及女神芙丽娅——为阿希思社会所接受,给他们带来了丰收和富裕等代表神赐的东西。从此,在阿希思和瓦尼斯之间再也没有发生战争(我们可以补充说,这种斯堪的纳维亚神话战争也被某些学者"历史化"了,他们将这两个神族的长期战争解释为两个不同民族最终融合成为一个单一民族——就像意大利的萨宾人和罗马人那样——戏剧化地予以神话化的纪念)。

因此,只要列举这些例子便足以说明,学者们为各种形式的二元性、对立性及对抗性寻找一种具体的——社会组织或者历史事件的"起源"。尽管如此,人们开始努力摆脱这两种可以称之为社会学的或历史学的研究路径。例如,解构主义就将各种不同类型的对立解释为一个精确的完美建构的系统表达,尽管这个系统是在心灵的无意识层面发生作用的。由于特洛贝兹科伊(Troubeztzkoi)研究,音系学(Phonology)成为对语言的无意识结构的研究。克洛德·列维-斯特劳斯将语言学模式运用于家族分析,他从这样一个原则出发,即亲属就是一个相当于语言的交流系统。对立的一对(父/子、夫/妻等)都解释成为一个只有从共时性的角度才能够理解的体系。列维-斯特劳斯将同样的语言学模式用于神话的结构研究。在他看来,"神话的目标就是要构造一种解释传统的逻辑模式"。不仅如此,"神话思想始于对某种矛盾的意识觉醒(*prise de conscience*),并导向进一步的沉思"[9]。

总之,在结构主义者看来,两极分化、对立及对抗并非起源于社会,也不可以用历史事件解释。它们毋宁是一种完美到极致的先后一贯的体系,充满着心灵的无意识活动。最后,在这里包含有一种生命的结构,列维-斯特劳斯主张,这种结构等同于物质的结构。换言之,在物质、生命、深层心理、语言或社会结构层面上,与在神话和宗教创造层面上所理解的两极对立和对抗并非判然有别。唯社会学论和历史决定论被更加雄心勃勃的唯物主义还原论替代,尽管它比经典或者实证的唯物主义更加精致。

作为宗教史学家,我将采用一种不同的研究方法。要理解两极对立在古代传统社会的宗教生活和思想中的作用，就需要做一种解释学而不是去神话化的努力。我们的材料——无论是神话的还是神学的，无论是空间划分的体系还是通过两种相互对抗的集团而展现的仪式，无论是神圣的二元性还是宗教的二元论——都以其特定的存在模式构成无数人类心智的创造。我们没有权利将它们化约为某种和其本身，也就是精神的创造有所不同的其他事物。因此，我们所要把握的正是它们的意义和重要性。正是因为这个原因，我将从各种不同的文化中选择一定数量的材料加以阐述。我之所以选择它们，是要说明用来破解两极对立和断裂、对抗和转化、二元论和对立面的统一之谜。[10]

两种类型的神圣性

我们首先要记得，宗教经验预设的前提就是世界二元分化为神圣和世俗。这种二元分化极为复杂，在此讨论实属不易；此外，这个问题和我们讨论的主题并无直接联系。我们只消说，这并不是一个胚胎期的二元论问题，因为世俗和神圣可以通过神显（theophanes）的辩证法而转化。而另一方面，有无数的去神圣化过程将神圣重新转化为世俗。但是，我们发现，在无数的二元对抗以及男—女、天—地等对立中存在着范式性的神圣与世俗的对立。如果做更为切近的观察，显然在宗教语境下表达性别之间的对立，不是一个神圣—世俗的对立了，而是神圣的两种类型的对立，一种为男性所专有，另一种为女性所专有。例如在澳大利亚，在别的地方也是如此，青春

133

期成年礼的目标就是将青少年从母亲和女性的世界分离开来,将他引入"神圣的世界",这个神圣的世界的秘密由男人小心翼翼地守护着。尽管如此,在整个澳大利亚,女人也有她们的秘密仪式,有时这些仪式被认为具有极大的力量,不洁净的男人不得窥探。[11] 此外,在某些神话传统里,如今只有男人才允许触摸的最为秘密的崇拜对象,原先是属于妇女的;这些神话不仅表明了两性之间的一种宗教对抗,而且表明女性的神圣性所具有的原始的优越性。[12]

134

类似的传统亦见于其他远古宗教,它们具有相同的意义,亦即在仅仅归属某一性别的特定神圣性之间存在质的区别,因而也是对抗。例如,马勒库拉(Malekula),*ileo*一语是指男性特有的神圣性;然而,它的对立面,*igah*,并不是指世俗性,而是描绘另一种形式的神圣性,亦即女性特有的神圣性。充满 *igah* 的物品要小心拒绝男人触摸,因为这会破坏甚至消除他们所保有的 *ileo*。当妇女庆祝她们的节日时,她们充满 *igah*,如果一个男人看到她们的头饰就会变回到"孩子",从而丧失男人秘密会社的身份。甚至在仪式期间妇女摸过的物品也是危险的,因而也是男人的禁忌。[13]

在两种神圣性之间的对抗关系最终表达了世界存在的两种模式,即男人和女人的不可化约性。但是,以心理学或社会心理学的术语解释这种宗教的紧张关系是错误的。当然,世界上存在着两种特定的模式,但是每一种性别也有一种艳羡和无意识的欲望,要渗透入另一性别的"神秘"中去,占有它的"力量"。在宗教层面上,解决性别的对抗并不总是意味着一种仪式性的重演神婚(*hieros gamos*);在许多情况下,可以通过仪式性的双性同体化(*androgynization*)而超越对抗。[14]

南美的孪生神

我拟从某些南美的材料开始探讨,理由有二:首先,我即
将考察的部落属于远古阶段的文化;其次,可以在此找到相当
数量的能够清晰表达的"经典的解决办法",以解决因两分和
对抗的发现所带来的问题。毋庸赘言,这几个例子并不能穷
尽如此丰富的南美材料。大体上讲,令我们感到兴趣的主题
是:(1)空间和住所的二元区分;(2)孪生神的神话;(3)整个世
界的一分为二;(4)神圣的对抗,反映神圣的互补性,为人类的
行为和制度提供了各种模式。通常,若干或者甚至所有这些
母题在同样一个文化中都可以找到。

我将不会逐一回顾每个部落神圣空间的特定结构及其宇
宙图景;对于这个问题我已经撰写了一本专著,很快就要出
版。只要记住,我们即将考察的神话和宇宙结构的概念乃是
以"世界的缩影"(*imago mundi*)为前提。孪生神的神话在南美
流传甚广。通常,孪生神的父亲是太阳;他们的母亲因背叛而
遭到谋杀,孩子从她的遗体中取出,经过一系列的冒险,他们
成功地为母亲复仇。[15]孪生神并不总是对抗性的。在某些版
本中,一个英雄用自己的骨头、血液或者身体的一部分,使另
一个兄弟重新获得力量。[16]然而,两个文化英雄恰好表达了一
种普遍的二分性。巴西的坎冈人(Kaingang)将他们的全部文
化和制度都与他们的神话祖先孪生神联系在一起。他们不仅
将部落区分为两个族外婚的社会,而且整个自然都分配给两

135

个英雄。他们的神话,为坎冈人的确立了范式性的模式,突出
展示了这种宇宙的二元分化,由于这两位英雄的行为而变得
可以理解和有意义。[17]

此外,某些迹象表明,孪生神的性质也有若干不同之处。
例如,在内圭亚那的库比奥人(Cubeo)中间,创造天地的赫曼
尼希库(Hömanihikö)并不干预人类的事务;他住在天上,接
受死者灵魂。他的兄弟米亚尼克图瓦波(Mianikötöibo)是个
畸形儿,住在山里。[18]阿平纳耶人(Apinayé)认为,起初,太阳
和月亮化身为人,住在大地上。他们生下了这个部落的两个
祖先团体,并将其安置在一个村庄的两个不同的地区——太
阳族住在北面,而月亮族住在南面。这个神话表明兄弟之间
的某种对抗;例如,据说太阳聪敏过人而月亮则很愚蠢。[19]

在圭亚那北海岸的卡里纳斯(Caliñas)和卡拉贝斯(Cara-
ibes)人中,对抗更为引人注目。水神阿曼娜(Amana)既是母
亲也是处女,被称为"无肚脐的"(亦即不是生出来的)[20],黎明
时生下塔姆希(Tamusi),黄昏时生下尤鲁坎塔穆鲁(Yolokan-
tamulu)。塔姆希有着人的形象,被认为是卡里纳斯人的神话
祖先,他创造了所有人类有用的一切善事物。塔姆希住在月
亮的光明区域,是天堂的主人,大地没有夜晚,虔诚者和他在
一起。由于暗淡的光线笼罩着他,谁也看不见他。塔姆希勇
敢地和各种敌对势力作斗争,他们曾经多次破坏世界并且还
将再次破坏它,但是在每一次毁坏之后,塔姆希又再一次创造
了它。他的兄弟也住在天界,但是在天堂的另一面,那里没有
早晨。他是卑贱事物的创造者,也是各种令人类陷入邪恶的
始作俑者。在一定意义上,他象征着母亲——女神阿曼娜的

积极力量。海克尔从他那里看出化身为塔姆希世界的必要的
阴性补充。尽管如此，尤鲁坎塔穆鲁并不是他兄弟不共戴天
的敌人；卡里纳斯人的恶灵是另外一个名叫亚瓦尼（Yawane）
的神灵。但是就孪生神而言，塔姆希扮演着比较重要的角色，
成为某种至上神。[21]

　　这种自然的整体性的两分会延伸到人的精神方面[22]。例
如生活在巴西南部的阿帕波库瓦人，他们属于瓜拉尼部落，他
们认为每一个婴儿都从神灵之处接受了灵魂，受到了神灵的
指引。这些灵魂来自三个神居之地——东方、天顶、西方——
每一处都存在着一位神灵（"我们的母亲"位于东方，"我们的
兄长"位于天顶，年轻的孪生兄弟图潘位于西方）。人死亡之
后，其灵魂将回到本源之地。这种灵魂，尼蒙达久称之为植物
灵魂，它建立了人类与超然世界的联系。为了保持灵魂的光
鲜，人们必须保持对肉食的克制。但是有些时候，在人出生之
后，婴儿也会接受另一种灵魂，即动物灵魂，这种灵魂将会决
定他的性格。不同人的不同性情都由动物灵魂中的种类所决
定，而只有萨满教的巫医才能区分这些动物灵魂的类别[23]。

　　尼蒙达久认为，两个灵魂的概念反映了自然的二分在神
话的孪生神范式中得到展现，他们相互对立和对抗的特点转
移到了那两个半偶族的成员中去了。这当然是正确的，但是
还有更多的意义：我们面对的是高度融合的宇宙结构和神话
主题的一种创造性解释。灵魂来自神、创造宇宙的至上诸神
具有天界的属性或居住在天上，这些原始民族十分熟悉的观
念将一种宗教价值附加在了宇宙二分的概念上。此外，从这
个例子中还可以解读出一种新的宗教的评估（valoration）：孪

138　生神的对抗反映在灵魂的对抗里面，但是只有"植物灵魂"才拥有神圣起源，这就意味着去除了对动物的宗教评估。但是动物的神圣性构成了古代宗教的基本元素。人们可以在这里解读出一种努力，也就是将起源于天上的纯粹的"精神的"，亦即神的元素，同其他一切人间的神圣性区分开来。

这个概念可以和卡里纳斯人的一个基本概念，即凡是存在于世的万事万物在天上都有一个副本相比较。[24]在这里，我们看到对宇宙二分的主题做了一次独创的和大胆的运用，也就确立一个属灵的原则，以解释世界上存在的某些矛盾。卡里纳斯人天界副本的观念并非只是例外，在美洲和其他地方都可以看到。事实上，"精神的副本"在二元论的一般历史上扮演重要角色。

科基人（Kogi）的对立和互补

和我们主题有关的概念也许比我们现有的比较古老的材料能够更微妙、更好地组织成为一个普遍体系。当一个合格的田野调查者不厌其烦地不仅报道原住民的行为和仪式，而且还解释它们对这些原住民的意义，整个意义和价值的世界就向我们展示了出来。我将以希耶拉·内华达的科基人为例，看看他们如何运用对立和互补的观念来解释他们的世界、社会及个人。[25]该部落分为"上天来的人"和"下界来的人"，村庄及举行崇拜仪式的小屋子也一分为二。世界也根据太阳的轨道而分为两个区域。此外，还有其他许多对立和对抗的组合：男/女、右手/左手、热/冷、明/暗等等。这些成对的事物和某些动植物、颜色、风、疾病，以及同样地，和善与恶的范畴联系在一起。

在各种巫术—宗教实践中显然存在着二元论的象征。然而，在每一位个别的以及部落的神灵中，还有对立面的共存。科基人相信，善之原则的功能和永恒（范式性地等同于右向）同时是由恶（亦即左向）的原则之存在所决定的。善存在，仅仅是因为恶是活跃的；如果恶消失了，善也就不存在了。有一个概念歌德十分熟悉，而在其他文化里也是广为人知：人必须犯罪，由此发挥恶的积极作用。科基人认为，人类状况的核心问题无疑在于如何使这两种对立面达到平衡，同时保持它们互补的力量。尤鲁卡（*yulúka*）是一个重要概念，此语可以翻译为"一致""平衡""相同"，是人类行为的主导原则。

这个两极互补的图式还整合进了宇宙的四分体系：四大方位与一系列概念、神话人物、动物、植物、颜色以及活动相对应。在这个普遍的四分体系（例如红和白、"明亮的颜色"对应于南和东，而与北和西所组成的"黑暗的颜色"相对立）中，对抗再度出现。四分结构既充满于大宇宙，也普遍存在于小宇宙。世界由四个神话巨人维持；希耶拉·内华达分为四个区域；建造在传统的地基上的村庄有四个入口，有四个摆供品的地方。最后，举行崇拜仪式的房子有四个灶台，四个主要的宗族围绕每个灶台而坐（但是在这里，似乎还是存在着二元对抗——"右边"——红色——为了"那些知道较少的人"预备的，而"知道较多的人"则坐在"左边"——淡蓝色，因为后者更加要经常面对宇宙的消极力量）。

四大方位乃由"中央点"所完成，它在科基人的生活里具

139

有重要作用。世界的中心希耶拉·内华达，它的复制品位于掩埋主要祭品的举行崇拜仪式的房子；祭司（*máma*）想要"与神说话"，就会坐到那里去。

140

最后这个图式发展成为一种有着七种引导标记的三维系统：北、南、东、西、顶、底和中。最后三个标记构成穿越世界并且支撑世界的宇宙之轴，这个世界被想象成为一个蛋。正如莱歇尔-多马托夫（Reichel-Dolmatoff）所指出的，正是宇宙之蛋引入了动力元素，以及九个阶段的概念。世界及人类，由宇宙之母创造。她有九个女儿，每个女儿代表一块可以耕种的土地：黑土、红土、褐土、沙土等。有色土构成了宇宙之蛋的土层，又象征着不同级别的价值。人类居住在第五层土——黑土，处在宇宙的中心。希耶拉·内华达巨大的金字塔形的山脉被想象成为具有类似结构的"世界"或者"住房"。与此相似，举行仪式的主屋乃是他们的小宇宙的复制品；因此，它们位于"世界的中心"。

丰富的联想还没有止步。宇宙之蛋被解释成了宇宙之母的子宫，人类就居住其间。大地等同于子宫，希耶拉·内华达和每一个受到膜拜的房屋、住房及坟墓也是如此。大地的洞穴和罅隙代表着母亲的诸窍。受膜拜的房屋，其屋顶象征着母亲的性器官；它们是通往更高层次的"门"。在葬礼时，死者回到子宫；祭司九次提起尸体，表示死者再次逆向经历九月怀胎。但是坟墓本身代表着宇宙，而葬礼就是一种"化为宇宙"的活动。

我一直在使用这个例子，因为它完美地展现了远古民族思维中两极对立的作用。正如我们所见，空间的二元分化被普遍化到了整个宇宙。成对的对立事物同时也是互补的。两极对立的原则似乎是自然和生命的基本原则，也是伦理的证明。对于科基人而言，人类的完美性并不包含在"行善"而是包含在确保善恶这两种对抗性力量的平衡。在宇宙的层面上，这种内在的平衡对应于"中心点"，亦即世界的中心。这个点位于四大方位以及垂直的顶—底之轴的交汇处，在宇宙之蛋的中点，那里也是宇宙之母的子宫。因此，不同系统的两极对立表现为世界与生命，以及人类特殊的存在结构。人类的存在被理解并且被假定为一种宇宙的"概括"；相反地，宇宙生命由于被理解为一种"密码"，因而也被认为是可以理解的、有意义的。

我不想再增加其他南美洲的例子了。我认为我已经充分强调了通过两极对立的密码努力"解读"自然和人类的存在所导致的各种精神的创造，另一方面，证明了有时被称为二元分化和二元论的概念的特殊表达，只有它们综合为无所不包的体系的一部分，才能揭示它们的深层意义。

我们在北美部落那里也遭遇到了一个相似的，不过更为复杂的情形。人们在那里也能发现村庄和世界的二元分化，由此形成宇宙结构体系（四大方位、天地之轴以及"中心"等等），以及宗教的两极对立、对抗和二元论的各种神话和仪式的表现。当然，这些概念既不是普遍的，也不是统一的。有些北美民族仅知道一种尚未成熟的二元分化的宇宙结构，而其他部落对于"二元论的"概念一无所知，但是他们运用两极式的分类体系。现在，正是这样一个问题令人深感兴趣，即在不同的文化背景下，两极对立和二元论的基本主题如何会有不同的宗教评估（religious valorization）。

斗争和协调：曼纳布须(Mänäbush)和治病小屋

在中央阿耳贡金人(Algonkian)那里，文化英雄——纳纳布佐[纳纳布佐人(Nanabozho)，奥吉布威人(Ojibway)和渥太华人(Ottawa)]、曼纳布须或者维萨迦(Wisaka, Kri, Saux等)——具有突出作用。[26]在大洪水之后他们使大地恢复如初，赋予其形态；确立四季和取火。[27]曼纳布须尤其是因他和(地下的)水怪(Powers of the Waters)的斗争而著称，这种冲突开启了宇宙巨变，人类迄今仍承受其后果。[28]水怪成功谋杀曼纳布须年轻的兄弟狼人，因而将死亡带给了世界，双方的斗争达到了白热化。狼人在三天以后重新出现，但是曼纳布须将其重新送回到落日之地，他在那里变成了死者的主人。为了报复兄弟被谋杀，曼纳布须杀死了水怪之首；于是他的对手在一场寒冬之后又放出一场新的洪水，但是这一次并没有战胜这位英雄。惊恐万状的水怪提议讲和；建造了一间治病小屋，曼纳布须成为第一个用秘仪举行入会礼的人。

颇具意味的是议和的主题仅见于秘传的神话，只能向经过秘密的迷得威文(midēwiwin)入会礼仪式的人揭示。[29]根据这种秘传传统，大神[至上神曼尼图(Manitu)]建议水怪向曼纳布须让步，因为他们已经犯下了首宗罪；遵照这个建议，水怪在天上建造了入会礼小屋，并且向曼纳布须提出邀请。最终这位英雄接受，他知道水怪揭示的仪式将有益于人类。实际上，在天上举行入会礼之后，曼纳布须就回到地上，在他祖母(大地之神)的帮助下，首创了迷得威文的秘密仪式。

因此，根据这个神话的秘传版本，宇宙的灭顶之灾由于地下的鬼怪——杀死狼，将死亡带给大地——提供给曼纳布须一个秘密的、有力的仪式，能够改善人类的命运。当然，迷得威文的入会礼并不能改变人类的状况，但是它确保了人间的健康和长寿以及死后的一种新的存在。入会仪式有着死亡和复活的场景；新入会者被"杀死"，然后立刻穿过神圣的贝壳获得新生。[30]换言之，同样的水怪剥夺了人类的长生，最终被迫提供给他强化和延长其生命的技术，与此同时确保其一种"精神的"死后的存在。在秘密仪式上，新入会者扮演曼纳布须而祭司扮演水怪。入会礼的小屋凸显了二元论象征。房间分成两个部分：北面刷成白色，是地下水怪的地方；在刷成红色的南半部分，可以找到高级的神灵。这两种颜色象征白天和黑夜、夏天和冬天、生命与死亡（以及复活）等等。这些两极对立原则的联系代表着宇宙实体的整体性。[31]

我们在这里还有一个堪称对两极对立的消极因素评估的绝好例子。曼诺米尼人（Menomini）富有创造性的天才成功地找到了一种新的、有效缓解由于意识到痛苦、敌对和死亡的可怕无所不在所带来的当前生存危机的办法。我还将讨论其他一些类似的然而有所不同的解决办法，但是现在要将曼诺米尼人的入会礼小屋的神话—仪式复合体，置于整个阿耳贡金人宗教之内，以便我们可以知道曼诺米尼人由之产生其特殊体系的那些共同的宗教观念，这样做我们就会有所发现。实际上，正如维尔纳·缪勒所指出的，其他阿耳贡金部落有着与众不同的也许更为古老的传统，其中有的文化英雄在入会礼小屋的仪式中并不具有重要作用。

143

例如,明尼苏达的鄂吉布瓦人主张,这个小屋乃是大神(玛尼都,Manido)所建,为的是确保人类的永生。[32]玛尼都象征性地出现在入会礼小屋(*midēwigan*)。这间小屋再现了世界:它的四面墙象征四大方位,屋顶代表天穹,地板象征大地。[33]在这两种类型——亦即曼诺米尼人和鄂吉布瓦人——的入会礼小屋里,宇宙的象征突出了这样一个事实,即第一次入会礼以整个世界作为它的舞台。但是曼纳布须在他与地下水怪议和之后在地上建造的入会礼小屋的二元论结构,和玛尼都所造的四分象征——四门、四色等等——是相互对立的。在曼纳布须的仪式中,大神(Great God)并未出现或者几乎没有被提到;相反,文化英雄没有在入会礼小屋的仪式中扮演任何角色。但是,这两种类型的入会礼的核心问题是每一个参加入会礼的人的命运:对于鄂吉布瓦人而言,大神赋予人类死后的永生,而在曼诺米尼人这里,从曼纳布须那里得到的则是健康和长寿(也许还有死后的一种新的存在),那是在世界即将毁灭时所发生的戏剧性事件的结果。还应当注意的是,在秘传神话中,大神玛尼都提议与地下鬼怪和解;没有他的干预,他们还可能继续厮杀,直到下界和世界最终全部毁灭。

高位神和文化英雄

经过和鄂吉布瓦人的入会礼小屋的比较,可以看出曼诺米尼人神话—仪式综合体的新意:鄂吉布瓦人认为,大神建造小屋是为了确保人类永生;而对曼诺米尼人而言,这个小屋乃是通过曼纳布须从下界的鬼怪那里得到的,而入会礼赋予健

康、长寿和死后的存在。鄂吉布瓦小屋的四分象征,反映了未
分裂的相当平衡的宇宙,在大神的掌控下一如既往地有节律
地运行,曼诺米尼人则用一个二元论的象征取而代之。这个
象征同样反映着宇宙,但这是一个被各种对抗撕裂了的世界,
一个为死者所占据的世界,一个因为曼纳布须和水怪冲突而
几乎就要毁灭的世界,一个大神不在场的世界,这个世界里,
人类唯一的保护者是文化英雄,如同我们从其激烈的战斗和
野心勃勃的行为看出,这个文化英雄和人类非常相似。当然,
曼诺米尼人小屋的二元论象征也表达了宇宙整体及人类存在
的诸种对立面的综合。但是在这种情形下,综合代表着一种
要不惜一切将世界从最终的毁灭中拯救出来的努力,从而确
保生命的继续,尤其是确保为人类的险境与矛盾找到一种
意义。

　　为了更好地理解阿耳贡金人所展现的宗教概念的含义,
我们将特拉华(兰纳皮人)——大西洋沿岸的阿耳贡金民族的
一支——的宇宙象征大屋(Big House),与新年仪式所蕴含的
神学观念进行比较。每年10月在森林空地上建造大屋。这
是一间四方形的屋子,四门,中间立一根木柱。地板象征大
地,屋顶象征天空,四面墙象征四方。大屋就是一个世界的缩
影,而仪式则表现庆祝世界的新开端(再创造)。正是这个至
上神,也就是造物主被认为规定了这个崇拜仪式。他居住在
第十二层天;用手扶住中央之柱或世界之轴,在大屋里有其复
制品。但是这个神也表现为这根柱子上刻着的两张脸。大屋
每举行一次新的节日,都是大地再创造;它还保护大地免遭寰
宇之灾。实际上,第一间大屋就是在一场地震之后建造的。

但是新年仪式带来大地的再造,确保世界的延续和丰产。和曼诺米尼人以及鄂吉布瓦人的小屋——它所关注的重点在于单独的个体——形成对照的是,大屋的庆典更新了整体的宇宙。[34]

146　　　因此,阿耳贡金人的族群表现出三种类型的崇拜场所,以及三种范畴的仪式,各有三种不同的宗教体系。有意思的是,最古老的一种亦即特拉华人的宗教乃是以宇宙的周期性更新为核心,而最新出现的仪式则以文化英雄和二元论的象征为核心,旨在改进人类的生存。在这第二种类型中,"二元论"乃是一种神话历史的结果,但它不是由任何对抗双方的本质特征所预先决定的。正如我们所看到的那样,曼尼布须和下界的水怪对抗乃是一个事件——狼的被杀——所激化的后果,而这个事件可能完全没有发生过。

易洛魁人的二元论:神话的孪生子

　　至于易洛魁人,我们可以讨论真正的"二元论"了。首先,有一种观念即大地上存在的每个事物都在天上有一个原型——一位"长兄"。宇宙诞生的过程起始于天上,但是,它的起始可以说是偶然的。有位年轻的女孩子,艾文海(Awenhai,"丰饶大地")要嫁给上天之首(Chief of Heaven)。他娶了艾文海,用呼吸使她怀孕。然而,由于不知道这是个奇迹,这位神灵心生妒意,连根拔起一棵大树,这棵大树的花原本是照亮天庭的(因为那时候还没有太阳),并把这姑娘扔进了树洞。他还扔进了一些动物和植物的原型,它们就变成了今天生长在大地上的动物和植物，而它们的"长兄"，也就是原型仍然留在天上。于是这神灵又将这棵大树放回原处。

麝鼠从太初海洋带上来一些泥土，将它们撒在龟背上，由此创造大地。而艾文海生下了一个女儿，她奇迹般地快速成长。很快就结婚了，新郎在她腰间别了一支箭就不见了。艾文海的女儿也怀孕了，听见有双胞胎在子宫里争吵。一个想要从下面出来，一个想要从上面出来。最后，兄长顺产，而弟弟则从腋窝里出来，却把母亲弄死了。弟弟是用燧石做的，因此名字叫塔维斯卡隆（Tawiskaron，"燧石"）。艾文海问谁杀死了她的女儿。他俩都坚称自己是无辜的；然而，艾文海偏信塔维斯卡隆，赶走了他的哥哥。艾文海用女儿的身体创造了太阳和月亮，将它们挂在小屋旁的一棵树上。

正当艾文海宠爱塔维斯卡隆的时候，长兄得到了父亲的帮助。有一天，他跌入湖中，在湖底遇到他的父亲，一只大龟。他从父亲那里得到一张弓和两根玉米，"一根成熟，用来播种，一根未熟，烤来吃"。回到地面后，他走遍大地，创造动物。于是他宣称："从今以后人类要叫我瓦塔·奥特隆通尼亚（Wata Oterongtongnia，'小枫树'）。"塔维斯卡隆想模仿他的哥哥，但是在创造鸟的时候，却造出了一只老鼠。同样，看见奥特隆通尼亚造人并赋予其生命的时候，他也想做同样的事情，可是他的造物却可怜而丑陋。于是塔维斯卡隆在大母的帮助下，把他的兄长创造的动物统统封死在一个山洞里面，但是奥特隆通尼亚使其中一些获得了自由。既然不能创造，塔维斯卡隆就想方设法毁坏他兄弟的创造。他接应来自另一个世界的鬼怪，但是奥特隆通尼亚成功地将他们赶了回去。奥特隆通尼

147

亚将太阳和月亮扔进天穹,从此照耀全人类,而塔维斯卡隆创
造了山峦和悬崖,让人类的生活变得更为痛苦。

后来这对孪生子一起住在一间小屋里。有一天,奥特隆
通尼亚点燃一支巨大无比的火把,于是小颗粒从他弟弟塔维
斯卡隆的身体上脱落下来。塔维斯卡隆迅速跑出小屋,但是
奥特隆通尼亚追了出来,向他扔石头直到他解体。落基山脉
就是塔维斯卡隆的遗体。[35]

这个神话确定同时也解释了易洛魁人的宗教生活。这
是一个二元论的神话,是北美神话中唯一可以和伊朗的佐尔
文类型的二元论相比较的。崇拜仪式和历法在细节上反映
了神话的**孪生子**的对立关系。尽管如此,正如我们现在所看
到的那样,这样一种不可化解的对抗并没有达到伊朗人的顶
峰,而正是这个简单的原因,易洛魁人拒绝在"坏"孪生子那
里找出"恶"的本质及本体论之恶,这是伊朗宗教思想所倾
心的东西。

崇拜仪式:对抗和转化

"长宫"(long house)就是举行崇拜的小屋。有两扇门:妇
女由东北向的门进入,坐在东面,男子由西南向的门进入,坐
在西面。节庆的历法由两部分构成:冬和夏。冬季庆典由男
人举行:感谢得到的馈赠。夏季的仪式由妇女负责,求雨和丰
产。即使从仪式细节的方面看,对抗也是显而易见的。两个
宗族,鹿氏和狼氏代表神话的**孪生子**,他们玩象征**孪生子**冲突
的掷骰子游戏。敬拜"大神之灵"的神圣舞蹈则属于奥特隆通

尼亚,也属于太阳升至天顶的那个半天。所谓的社交舞蹈,目的是为了消遣,则与塔维斯卡隆和夜晚有关。[36]

维尔纳·缪勒已经证明,这些庆典事实上有着一神教内容,乃是由于一次可以回溯到19世纪初的改革所致。住在汉塞姆湖畔的塞内卡部落有一位先知,在一次出神的启示过后,他决定改革他的民族的宗教。他用大神哈维尼约(Haweniyo,"发大声音的")和魔鬼哈尼西诺(Haninseono,"住在地上的")来代替神话的**孪生子**。不过,这位先知全神贯注于和大神有关的宗教生活;为此他禁止敬奉那位坏的**孪生子**的仪式,将它们变成了"社交舞蹈"。

这种有着强烈的一神教倾向的改革一部分可以通过决定在汉塞姆湖响应神召的出神体验来说明,但是还有其他原因。欧洲人责备易洛魁人"崇敬魔鬼"。然而,这显然并不是什么崇敬魔鬼的问题,因为那位坏的**孪生子**并不是"邪恶"观念的化身,只是世界消极的黑暗的一面。正如我们刚才所见,神话的**孪生子**反映并掌控两种模式或者两种"时间",它们都构成这个朝气勃勃的、丰产的宇宙。在这里,我们再一次遇到了互补的对立面,白天与夜晚、冬季和夏日、播种与收获,以及男人和女人、神圣与世俗等的两极对立。

为了理解二元论原则如何极大地构成易洛魁人的整个宗教概念,我们就要回顾一下他们一个最重要的仪式:春秋两季戴面具,以及它们的治病功能。[37]有一个"假面"兄弟会,其成员登门驱病。另一个兄弟会,"玉米叶面"则在长宫庆典期间举行他们的仪式。面具人用"治病水"从旁协助,撒灰以预防疾病。

　　根据神话,疾病和其他感染是由一个超人,两倍大的塔维斯卡隆带来的。在世界起源之际,他和造物主厮杀,但是一败涂地,于是接受了一项任务:为人类治病和帮助他们。他生活在世界边界上的山洞里面,那里有热病、结核病和头痛。他的助手有大头猴身的**假面族**,和他们的主人一样,远离人群,在荒漠里游荡。神话将他们描述为那个企图模仿他兄弟造人的塔维斯卡隆创造失败的产物:在春秋两季的仪式里面,戴面具的人就是装扮他们,将疾病从村庄里赶出去。[38]

换言之,虽然大神打败了他的对手,但这只是他的工作成果,"邪恶"仍然在世界上存在。造物主并未寻求或许未能彻底消灭"邪恶",但是他也不允许它败坏他的创造。他接受它,把它当成生命消极的一面,但是与此同时又迫使他的对手和他的工作成果作斗争。

　　这种"邪恶"的自相矛盾——被认为是一种灾难性的创造,但是又被接受为一种从此不可避免的生命和人类存在的模态——在易洛魁人关于世界的概念中是十分突出的。宇宙被想象为有一个中心地带,亦即人类居住的村庄和耕地;在这个中心地带的周边环绕着外部荒漠,充满乱石、沼泽和**假面族**。这样一种宇宙的缩影,在古代和传统的文化中是非常著名的。这种关于世界的概念,在易洛魁人心灵中是至关重要的,就是在这个部落最后被安置于保留区里也没有立刻消失。"在易洛魁保留区里,'善'兄弟掌管一切,有房屋和土地,在那里是安全的;但是在外面是'坏'兄弟及其代理人白人的区域,那里有工厂、建筑和街道组成的荒漠。"[39]

普韦布洛人：对抗和互补的一对神灵

在普韦布洛人(Pueblos)中间，**大神**的地位让渡给了一对神灵，他们有时对抗，但总是互补。我们从这些玉米种植者见证了从古代二元划分——运用于社会、住所以及一切自然——到一种真正的、精确的神话和宗教历法的"二元论"咬合。农业节律强化了妇女劳动(采集食物、园艺)与男子工作(狩猎)之间的既有分工，将宇宙—仪式的二元划分(两季、两组神灵等等)加以系统化。下面的若干例子不仅使我们能够把握新墨西哥的农业人口的"二元论分工"达到何种程度，而且把握他们神话—仪式体系的多样性。

祖尼人的神话既是出发点，也是一种模式。根据史蒂文森(Stevenson)和库申(Cushing)，初人阿翁纳维罗纳(Awonawilona)，又称**"他—她"**或者**"容受万物的"**，将自己变形为太阳，又从自身物质中编出两颗种子，令大水怀孕，从中诞生**"包覆万物之父—天"**以及**"受纳四方的母—地"**。这对宇宙孪生神的结合诞生了各种形式的生命。但是地母将所有创造物藏在自己的身体里，神话称之为**"世界的四方子宫"**。人类，也就是祖尼人，原本住在洞穴般的子宫里。在另外一对孪生神即两位战神阿哈尤托斯(Ahayutos)的引导和帮助下，他们来到了地面。他们是(父—)神所造的，以便引导祖尼人的祖先到达光明之地，最终到达"世界的中心"，也就是他们现在的土地。[40]

在走向中心的旅途中，出现了各种各样的神：科克斯

［Cocos，卡钦纳斯（Katchinas）］——雨神——以及动物神、医疗团体的首领。祖尼神话的典型特征在于孪生神并不是敌对的。除此之外，他们并不在仪式里扮演重要角色。相反，在宗教生活中占主导地位的是雨神（夏季）和动物神（冬季）崇拜仪式的系统对立。[41]这两种崇拜仪式由一些宗教兄弟会所监管。祖尼人的"二元论"在节日历法中表现得尤为明显。这两类神按照不同季节在宗教活动中轮换。诸神之间的对立——通过两种范畴的宗教兄弟会的轮换而体现——反映了宇宙的节律。

另外一个普韦布洛部落，阿科马人（Acoma）对于神灵和宇宙二元对立有着不同解释。和祖尼人一样，阿科马人也认为至上神是一个退位神。事实上，初人乌奇赛提（Uchtsiti）在神话和崇拜仪式中被两个姐妹取代，贾蒂姬（Jatiki）和纳茜提（Nautsit）。她们从地下世界诞生之日起就相互对立。贾蒂姬表现出农业、秩序、神圣和时间的神秘关联；而纳茜提则与狩猎、对神圣的漠不关心和空间联系在一起。这两位姐妹将人类分离开来，因而人类分成两个不同范畴：贾蒂姬是普韦布洛人的母亲，而纳茜提则是游牧印第安人（拿伐鹤人、阿帕奇人等等）的母亲。贾蒂姬创造酋长，充当祭司，而纳茜提则确立军事首领。[42]

152　　　只要稍微比较一下普韦布洛人和易洛魁人的宗教概念，就可以看出两者的差别。虽然属于同一种类型的文化，亦即玉米种植者的文化，因而也是有着共同的世界的概念，但每个民族对于他们宗教文化的二元论结构有着不同评估（valorization）。易洛魁人的神话和崇拜仪式集中于孪生神的对抗，而祖尼人则认为孪生神并不是相互斗争的，他们的文化角色是非常温和的。和易洛魁人有所不同,祖尼人不辞辛劳地将他们宗教历法中的两极对立加以系统化,结果使得两组对抗的诸神通过两种既对立又互补的宇宙力量和宗教行为的周期性交替而体现出来。此外,祖尼人的做法并没有令普韦布洛人的创造性陷于枯竭。在阿科马人中间,两位姐妹神将人类一分为二,将实体分为两个范畴,使他们既对立,又互补。

如果扩大比较的范围,我们就能够在易洛魁人的体系中区分出一种最严格的表达形式的伊朗二元论复本,而祖尼人的体系则令人想起中国人对宇宙两极对立的解释,亦即将其解释为阳和阴原则有节律的轮换。

加利福尼亚印第安人神话: 上帝及其对手

153

在某些加利福尼亚中部古老的部落(食物采集者和狩猎者)那里,有一种完全不同的二元论。他们的神话表现了一位高位神、世界和人类的创造者,也是一位神秘的、矛盾的超自然的神,科约特(Coyote),他有时候故意对抗上帝的工作,但是经常以蠢行和大话败坏受造物。有时科约特也被描述成从一开始就存在,在上帝的边上系统地对抗他的工作。

西北迈杜人(Maidu)的宇宙诞生神话就是以这样一个序言开始的:至上神沃诺米(Wonomi,"不死的")或者科多亚姆比(Kodoyambe,"给大地起名的")和科约特乘一叶小舟漂荡在太初的大海上。上帝唱歌创造了世界,但是科约特创造了大山。在创造人类之后,这个对手也想用他的力量创造瞎眼目的人类。上帝以"青春泉"确保人类复活,但是科约特却毁掉了它。此外,科约特在造物主面前炫耀自己:"我们都是首领。"上帝没有还击。科约特还宣称自己是"人间最年长的",夸耀人类会这样赞美他:"他消灭了大首领。"在另一个版本里面,科约特称上帝为"兄弟"。当上帝确立人类出生、结婚和死亡的规律时,科约特修改它们,但是后来又责备上帝没有为人类的幸福做过任何事情。最后上帝只好同意:"虽非我意,世界终有一死",然后就离开了,但是他已经决定要惩罚他的对手。实际上,科约特的儿子就是被一条响尾蛇杀死的;孩子的父亲绝望地祈求造物主解除死亡,许诺再也不做任何与上帝作对的事情了。[43]按照远古宗教的逻辑,在开天辟地时就存在的事物,哪怕这个创世过程还没有完成,是不能禁止其成长的。只要创造还在进行,一切发生的事情,一切说过的话,都构成了本体的显现,确立存在的模态,总之,属于宇宙诞生的活动。

154 　　迈杜人的神话,尤其是东北部的版本具有一个特征,就是赋予科约特以重要角色。可以说,科约特全面对抗上帝的计划,透露出了对于这样一个明确目的的追求:他想方设法败坏上帝所设想的人类几近完美的状态。事实上,正是由于科约特的缘故,人类才最终得到了他实际的生存模态,其中必然包括努力、劳作、痛苦和死亡,但是也意味着有可能在大地延续其生命。[44]

　　我还将回过头来讨论科约特在人类状况确立过程中的作用,因为这个神话主题很可能出乎意料地得到详细的阐述。现在,我将引述另外一个具有二元论结构的宇宙诞生神话,它

更加生动地描述了科约特和造物主之间的敌对状态。根据一
则由基人（Yuki）神话，造物主塔库摩尔（Taikomol，"那独自前
来的"）在太初的大海里把自己创造成为一个小姑娘的样子。
身边环绕着泡沫，他喃喃自语，科约特——讲故事的人说他早
就存在了——听见了。塔库摩尔问："我该做什么？"并且开始
唱歌。一点一点地，他变成了人的形象，称科约特为"我母亲
的兄弟"。他从身体上取出食物给科约特吃，同样也用身体上
的物质创造大地。科约特帮助他造人，但是他也决定人类的
必有一死。实际上，科约特的儿子死了，当塔库摩尔要使他复
活，科约特拒绝了。[45]

　　正如威廉·施密特所猜测的那样[46]，塔库摩尔或许并不
代表真正的加利福尼亚印第安人的创造神。但是重要的是，
正是这个科约特扮演重要角色的神话，引起由基人的注意。
至上的、创造的神的消失乃是在宗教史上经常发生的过程。
大多数至上神最终变成了退位神（*dii otiosi*），这种情况并非只
是出现在原始宗教。在我们所列举的事例中，神让位给一个
像科约特这样自相矛盾的、奇怪的、彻头彻尾的小丑，注意到
这一点是非常令人感兴趣的。在科斯特·波莫人（Coast
Pomo）那里，科约特取代了造物主；事实上，神并没有在宇宙
创造的工程中出现。只是科约特在偶然中创造了世界。因为
口渴，他砍断了水生植物，造成地下水喷涌而出。水流把他冲
到高处，很快大水遍满大地，一片汪洋。科约特成功地阻断大
水，开始用碎羽毛创造人类。但是，因为人类并不给他吃的而
气恼，他放了一把火，然后又用洪水扑灭火焰。他再一次创造
人类，遭到他们的戏弄，科约特就威胁他们再次带来灭顶之

灾。尽管如此,他继续他的造物工匠的活动,但是由于人类并不把他当一回事,他就把一些人类变成了动物。最后,科约特创造太阳,让一只鸟在空中撑住它;他确立宇宙的节律和库克苏人(Kuksu)的风俗和崇拜庆典。[47]

我引用这个神话以说明在科约特的指示下完成宇宙创造这样一种特殊类型。世界和人类的创造似乎是一个 *malgré lui* 造物工匠所完成,而有意义的是,人类,他的创造物却嘲笑他,甚至不给他吃的。不管我们对于科约特取代造物主的事实做怎样历史的解释,虽然他有着突出地位以及创造能力,他小丑—造物匠的特征并不会发生变化。即使他处在独一无二的造物主的地位,他采取的行动就像一个令人难忘的小丑,令许多北美印第安民间故事的听众心花怒放。

小　丑

在北美印第安部落中发现的极端的二元论类型赋予科约特,这位彻头彻尾的小丑以突出的地位,这一点具有重要意义。但是,这位小丑起到的作用比刚才提到的加利福尼亚印第安人宇宙创造神话远为复杂。[48]他的人格是矛盾的,他的角色也是含糊不清的。在大多数神话里,小丑固然要为死亡的到来及世界的现状负责,但他也是一位改变者,一位文化英雄,据说他盗火和其他有用的东西,消灭那些报复大地的鬼怪。尽管如此,即使他像文化英雄那样行动,小丑仍然保留了他的特别之处。例如,当他盗火或者其他人类不可缺少的东西——它们都是由一个神灵(太阳、水、猎物、鱼等)小心守护——的时候，他并不是像英雄那样，而是以狡猾和诡计谋取成功。而且经常由于他的愚蠢，使他的事业陷于危险的境地（例如，大地被火或者洪水等毁灭）。并且他总是使用策略或者欺骗手段将人类从他贪吃鬼怪的对手那里解救出来。

另一个特别之处在于，小丑对待神圣的矛盾态度。他模仿和讽刺萨满体验和祭司的仪式。萨满守护神灵被他荒诞地等同于他的大便[49]，他模仿萨满的出神飞行，但总是跌落到地上。很清楚这种自相矛盾的行为具有双重意义：小丑嘲弄"神圣"、祭司和萨满，但是往往自己也成了奚落的对象。当他（例如在加利福尼亚印第安人神话里那样）不再冥顽不灵、不再是造物主满嘴谎言的对手时，他便成了一个难以定义的人，又聪敏又愚蠢，以他的"太初性"和力量而言近似于诸神，但是以他饕餮般的饥饿、过分举动以及反道德而言，更加接近于人。

里凯特在小丑那里看到了人类的形象，他正在努力成为他所必须成为的那种样子——即世界的主人。[50]接受这个定义是有条件的，这个条件便是应当将这一人类的形象置于一个由神圣所创造的想象的宇宙之中。这并不是一个在人文主义的、理性主义的或者唯意志论意义上的人类形象的问题。事实上，小丑反映的是可以称之为人类状况的神话学。他反对神使人类永生，确保人类在天堂般的、纯洁而富足的、没有对立的世界里生存的决定。他拿"宗教"开涮，或者更加准确地说，拿宗教精英亦即祭司和萨满的技巧和虚伪开涮，尽管这些神话总是强调，小丑并不足以消除这些宗教精英的力量。

但是，某些特点也是当今人类状况所特有的，那是因为小丑干预了创造的工程所造成的后果。例如，他并不是像英雄

157

那样战胜鬼怪;他在许多事情上有成功,在其他事情上也有失败;他组织这个世界并且使之更趋完善,但是由于犯下许多错误和蠢行,结果并没有创造任何完美的东西。在这方面,人们可以从小丑的形象里看到人类寻找一种新型宗教的影子。小丑的决定和冒险构成了一种激进的世俗化的神话,取笑神灵的态度,但是与此同时也奚落了小丑自己对诸神的反叛。

158　　在加利福尼亚印第安人的神话中,我们能够分辨出一种真正的二元论,它使科约特和造物主成为激烈的对手,就此而言,我们可以说这种二元论——不可化约为一种二元对立的体系——同样也是反映了人类对造物主的对抗。但是我们已经看到,对神的反叛是在不确定的嘲讽中发展起来。我们在这里可以分辨出某种哲学的胚胎。但我们只有在这里才能分辨出它吗?

若 干 评 论

无需对前面关于北美文献的分析作出概括,只要回顾一下在这个地区可以看到的不同类型的对抗和两极对立,就足以认识到它们"精神创造"的特点。诚然,某种类型的二元论乃是农业社会的系统阐述,但是最激进的二元论却是在不知农业为何物的加利福尼亚印第安人部落中找到的。从社会中起源,如同任何其他的起源一样,并不能解释现存象征系统的功能。例如,居住区域和村庄的二元划分,以及两极分立原则的对抗性,在许多部落神话中可以找到,可是他们的神话和宗教并不呈现出一种二元论结构。这些部落也只不过把他们区域的二元划分当成一种直接的经验材料而已，但是他们的神话的和宗教的创造力本身是在另外一些参照平面上表现出来。

至于那些实际上面对两极对立之谜并试图加以解答的部落，我们看到，他们的解决办法之多令人吃惊。有中央阿耳贡金人的文化英雄和地下势力的个人之间的对抗，解释了死亡和入会礼小屋的建造。但是这种对抗并非不可避免：它是一次偶然事件（曼纳布须的兄弟被杀）造成的。就入会礼的小屋而言，我们看到在其他一些阿耳贡金人部落亦即奥吉布瓦人那里也已经存在了。他们声称从大神那里接受了小屋，其象征表达了宇宙的两极对立亦即它们的综合。在玉米种植者那里，二元论有着完全不同的表述。对于祖尼人而言，神话中的二元论甚为稀少，而在仪式和庆典历法里面却占据了主要地位；在易洛魁人那里则相反，神话和崇拜仪式都以一种极为严格的二元论构造起来，以至于令人联想到经典的伊朗人的二元论。最后，在加利福尼亚印第安人那里，神和他对手科约特之间的对抗开启了一条人类状况的"神话化"的道路，与希腊人那里发生的效果可有一比，只是有所不同而已。

印度尼西亚的宇宙结构：对抗和综合

在印度尼西亚，世界创造的观念、宇宙生命以及人类社会的构想都是在两极对立的符号之下展开的。在某些情况下，两极对立以前期的统一/整体的阶段为前提。但是世界的创造是两个神灵相遇——或是"冲撞"或是"成婚"的结果。并不存在一个造物主或是一群超自然存在凭自己的意志和力量创造宇宙的神话。在宇宙和生命之开端,有一对夫妻。世界或者是一次神和女神的神婚(hieros gamos),或者两个神灵的冲突的结果。在这两种情况下,在天上的原则或代表和下界的原则或代表相遇,孕育出了冥界或者在创造世界之后成为大地的某个地区。在这两种情况下,一开始就有一种"整体性",将这两个原则在神婚中统一起来或者处于尚未分离的状态。[51]

160

在前一章里,我详细地阐述了恩加久·达雅克人的宇宙诞生神话和宗教范型(第96页)。我现在只要回顾一下该神话的某些重要元素:从缠绕的水蛇的嘴里,尚未分化的太初的宇宙整体性之中,诞生了两种原则,先后化身为两座大山、男神和女神、两只犀鸟。世界、生命以及最初的人类夫妻的存在都是这两个二元对立的神圣原则斗争的结果。但是二元对立仅仅代表着神性的一个方面。同样重要的是神还显现为一种整体。正如我们所见(第99页),这个神圣的整体构成了达雅克人宗教的基本原则,而且通过各种个人和集体的仪式而重新整合起来。

在托巴-巴塔克(Toba-Batak)人这里,世界的创造是由于上天和下界的力量的一场战斗所致。但是在这里,战斗的结束——正如在达雅克神话中两只犀鸟的战斗一样——不是通过敌对双方造成的相互破坏,而是通过一种新的创造而重新整合。[52]在尼亚斯(Nias)人这里,洛瓦朗基(Lowalangi)和罗图雷·达诺(Lature Danö)这两个至上神虽然相互对立,但是同时也是互补的。洛瓦朗基和上界有关;他化身为善和生命,他的颜色是黄色或者金色,他的象征和崇拜符号是鸡、鹰、太阳和光明。罗图雷·达诺属于下界;他化身为邪恶和死亡,他的颜色是黑色或者红色,他的符号是蛇,他的象征是月亮和黑暗。但是这两个神灵之间的对抗同样也表明他们之间的互补。神话叙述说罗图雷·达诺来到世界上没有头,而洛瓦朗基没有尾;换言之,他们一起构成一个整体。此外,他们每个都拥有一些似乎应该更加适合对方拥有的属性。[53]

在印度尼西亚,宇宙的二元论和互补性的对抗是通过村庄和房屋的结构、服饰、装饰和武器,亦即通过仪式(诞生、入会礼、婚姻、死亡)表现出来的。[54]且举几个例子:在摩鹿加群岛的安布洛伊那(Ambryna),村庄一分为二;这种区分不仅是社会的,也是宇宙的,因为它构成了世界的全部对象和过程。例如,左、妇女、海岸、低下、灵性、外部的、西、年轻、新等,和右、男人、土地或山脉、高尚、天、尘世、高、内部、东和老等相对立。尽管如此,当安布洛伊那人提到这个体系,他们就会提到三种而不是两种区分。第三种元素便是将两种相对立的元素整合起来并使其达到平衡的"高级的综合"[55]。同样的系统在数百英里开外的爪哇岛和巴厘岛都可以找到。[56]

两极的对抗主要在崇拜对象和仪式中得到突出强调[57],究而言之,旨在将对立面联接起来。在苏门答腊的米南加保(Minangkabau)那里,两个部族的敌对通过在婚礼上的斗鸡表现出来。[58]正如约瑟琳·德·永(P.E.Josselin de Yong)所言,"整个社团分为相互对抗而又互补的两个部分;只有在双方积极地与对方发生竞争的情况下整个社团才能存在。举行结婚仪式就是给他们提供这样做的一次机会"[59]。约瑟琳·德·永认为,所有印度尼西亚人的节日都类似于一场秘密的甚至

161

162

是公开的战争。它们的宇宙意义不可视而不见;对抗的部族代表着宇宙的某些区域,因此他们的对抗展现了太初的宇宙力量的对立:仪式构成宇宙的重大事件。[60]这从达雅克人纪念死者的集体节日中看得十分清楚,在节日结束时,两组戴面具的人围绕着村里搭建的街垒展开模拟的战争。这个节日戏剧性地再现宇宙的诞生。街垒象征生命树,两组对抗的团体表演两只犀鸟杀死对方同时毁灭生命树的神话。但是毁灭和死亡创造了一个新的世界,由此死亡带给全村的厄运就被祛除了。[61]

163   总之,可以说印度尼西亚人的宗教思想不间断地细化并解释宇宙诞生神话所把握的直觉。既然世界和生命是由于太初联结的断裂所致,那么就必须重复这个范式性的过程。两极对抗被提升至宇宙结构之原则的地位;它不仅被接受,而且成为世界、生命和人类社会借以揭示其意义的密码。此外,由于其自身的存在模式,两极对抗的目的是在一种矛盾的统一中消除自身。由于两极联为一体,产生了所谓的"第三项"[62],它既可以是一种新的综合,也可以是向原始状态的回归。在前系统化思想的历史上,几乎不会遇到像印度尼西亚的宇宙和象征体系那样的系统阐述能够如此突出地令人联想到黑格尔的辩证法。尽管如此,还是有这样的区别:在印度尼西亚人这里,两极的综合,"第三项",虽然代表着一种对前一阶段亦即两极对抗而言的新的创造,但同时也是一种倒退,返回到一种无差别整体性的两极共存的太初状态。[63]

     可以说印度尼西亚人的心智,在两极联合与分裂神话中寻找到生命和创造性的神秘之后,并没有像印度思想那样寻求超越这种生物模式。换言之,印度尼西亚人选择了智慧而不是哲学,艺术创造而不是科学。当然,他们并不是唯一作此选择的民族,在此也不能说孰是孰非。

宇宙诞生、仪式性的竞争和辩经:印度和中国西藏

古印度使我们能够理解神话—仪式场景过渡到一种后来启发了各种形而上学沉思的原始神学这样一个过程。此外,与任何其他文化相比,印度更好地展现了对于一种远古的、弥散的主题的多层面的延续,以及创造性的再解释。印度文献使我们能够理解,追求对人类生存的一种深层次启示的象征总是"开放的"。换言之,印度绝好地展现了这样一种符号能够开创一种可谓道破人类之在宇宙中的状况的连续符号化,由此以影响了一种前系统的反思并且形成其最初的结果。当然,在这里不可回顾所有印度天才的所有重要创造。我将从一个例子开始,看看两种对立原则发生对抗的母题的仪式评价。然后再引用一些例子,看看在神话和形而上学层面,这个母题又是如何阐述和创造性地重新解释的。

在吠陀神话中,因陀罗和弗栗多的范式性斗争的主题占有重要位置。我在其他地方坚持认为这个神话有着宇宙诞生的结构。[64]因陀罗放出被弗栗多囚禁山中的水,拯救了世界;他在象征的意义上重新创造了世界。在这个神话的其他版本中,弗栗多被斩首和肢解,表达了从虚拟的创造世界到真实的创造世界的过渡,因为蛇是一个非显现的符号。这个绝妙的范式性神话,这种因陀罗和弗栗多的斗争为其他形式的创造

164

和各种类型的行为提供了模式。"他杀死了在战斗中获胜的弗栗多",有一首吠陀颂诗如此吟唱道。[65]魁普尔最近指出了两种系列的趋同事实。首先,他证明吠陀时代印度的辩经重申了对于抗拒力量($v\underset{.}{r}t\bar{a}ni$)的太初斗争。诗人把自己比作因陀罗:"我就是刺杀我对手的人,像因陀罗一样不受一丁点伤害。"(《梨俱吠陀》,X,166,2)演说比赛、诗人之间的竞争代表着一种积极的行为,因而也是生命的更新。[66]其次,魁普尔证明,有理由相信,新年庆典事实上就是围绕着因陀罗和弗栗多斗争的神话—仪式的场景展开的。各种形式的竞争和战斗——赛车、两组人的斗争等——很可能被认为在冬季仪式中激发出了创造性力量。[67]本文尼斯特(Benveniste)将《阿维斯陀》的术语 $vy\bar{a}xana$,解释为具有确保胜利的"军事性质"的"语言竞赛"[68]。

因此,似乎存在一种相当远古的印度—伊朗人的概念,即颂扬辩经具有的更新和创造的特点。此外,这种观点并不局限于印度—伊朗人。例如,激烈的语言交锋在爱斯基摩人、夸扣特尔人(Kwakiutl)和古日耳曼人中也屡见不鲜。希尔科斯马(Sierksma)最近指出,辩经在西藏受到高度评价。[69]西藏喇嘛的公开争论是非常著名的,他们的攻击性和不留情面并不局限于言辞。虽然辩经主要集中在佛教哲学方面,而且至少部分遵守著名的印度论师尤其是无著所订立的规则,但公开辩论所激发的热情却似乎为西藏人所特有。[70]此外,石泰安(Rolf Stein)已经证明,西藏的辩经偶然还会转为赛马、体育比赛、摔跤、射箭、挤奶和选美等竞争。[71]在新年到来之际,最重要的竞赛除了赛马之外便是在不同部族成员或者代表之间发生,他们吟诵宇宙诞生的神话,歌颂部落祖先。新年神话—仪式场景的基本主题就是天神和魔鬼的斗争,以两座山脉代表。正如在相似的场景中一样,神的胜利确保了在来年新生活的胜利。至于辩经,在石泰安看来,它们乃是:

> 一系列竞赛的一部分,它们能够在社会场面上提升尊严,在宗教层面上将居民和社会团体紧紧联系在一起。诸神出现在公开场合,和民众一起欢笑。猜谜和朗诵故事,如《格萨尔王》史诗对庄稼和牛群产生有益的影响。在重大节日里,诸神和民众联合在一起;社会对立重新得到巩固,同时也得到抚慰。而整个团体再一次和其过去(世界和祖先的起源),与其生活的环境联系在了一起,他们感到朝气勃勃。[72]

石泰安还指出,伊朗人新年节在西藏的影响。[73]但是这并不意味着整个场景都是借来的。极有可能的是,伊朗人的影响只是强化了某些已经存在的本地元素。新年的场景当然是古老的,因为它在印度很早就已经消失了。

提婆和阿修罗

但是在印度,下述这样一个图式却不断出现,而且在不同参照系上、从多种角度上得到发展。我在别处已经讨论了提婆和阿修罗,也就是诸神和“魔鬼”、光明和黑暗势力之间的对立。但是,早在吠陀时代,这种冲突——构成一种极为普遍的神话冲突——就以一种颇具独创性的方式加以诠释,即以一种“开端”,揭示提婆和阿修罗的吊诡的同体或兄弟。

人们还记得吠陀时代的教义是不惜一切地确立一种双重视角：虽然作为一种当下的现实、作为我们眼前的世界，提婆和阿修罗不共戴天，性本各异、相互争斗，但是另一方面，在时间开始之际，也就是所在世界创造之前，或者成为现在这个样子之前，他们是同体的。[74]

此外，诸神是或者已经是，或者能够成为阿修罗，亦即不再是诸神。

在这里，我们已经看到，对于神圣的游移不定，有了一种大胆的用语（formula），这种游移不定同样也表现在吠陀时代伟大的诸神如阿耆尼和缚噜拏等自相矛盾的方面。[75]但是我们感受到，印度思想也在努力达到一种世界、生命和精神的独一无二的**始基**（urgrund）。这样一种包罗万象观点形成的第一阶段便是要认识到，对于永恒而言是真实的，未必在时间中也是真实的。在这里我将不去深究这个问题，因为已经在前面一部作品中讨论过了。

密多罗—缚噜拏

同样具有重要意义的是，一个古代印欧人关于神圣统治的两个互补方面，在印度称为密多罗—缚噜拏的发展过程。乔治·杜米兹已经证明，密多罗—缚噜拏属于印欧民族三元分化体系，因为它在古代罗马人和日耳曼人中也有同样的结构。但是杜米兹还指出，这个神圣统治的概念在印度经历了一种不为其他印欧世界所知的哲学解释。简言之，对于古代印度人而言，密多罗是一个"有着理性、平静、仁慈、祭司面貌

的君主,而缚噜拏则是有着冷峻、激情、粗暴、可怕、武士般面
貌的君主"[76]。同样的分化亦可见于罗马,也有同样的对立和
同样的转化;一方面,有牧神和祭司之间的对立:"年轻人释放
出来的骚动、热情、帝国主义"对应"祭司般老人的安详、严谨、
中庸"[77]。同样,罗马最早的两位国王,罗穆洛(Romulus)和
奴玛(Numa)有着不同的结构和行为。他们的差别对应于牧
神和祭司之间的对立,颇类似于密多罗—缚噜拏之间的两极
分化,它们不仅在宗教—神话的参照框架上,而且在宇宙的层
面(白天与夜晚),在史诗般的历史[与奴玛对应的立法者—国
王摩奴据说从太阳下凡,开创了"太阳王朝";类似于罗穆洛的
乾达婆国王布富罗婆(Purûravas)是月亮的孙子,创立了"月亮
王朝"]里面,都清晰地表现了出来。

　　但是我们只要比较一下罗马人和印度人对这种印欧神
话—仪式主题的精心阐述,就可以认识到这两类天才的差别。
印度人在神学上和哲学上发展了神圣统治的双面性所象征的
互补和转化。[78]罗马将其诸神和神话历史化。在罗马,互补和
循环的原则仍然处在仪式层面上或者用于建构一种庞大的编
年史。相反,在印度,这两个原则,多少被理解为密多罗和缚
噜拏的化身,形成了一个范式性的模式,用以解释世界以及人
类生存模式的辩证结构,因为人类的状况便是由阳性和阴性
的模态、生命和死亡、束缚和自由等神秘地构成的。

　　实际上,密多罗和缚噜拏被设置成相互对应,如同白天和
黑夜,甚至男性和女性(《百道梵书》,II,4,4,9,说"密多罗在
缚噜拏里面释放种子"),但是他们也是对立的,因为"一个是
理解"(abhigantṛ),"一个是行动"(karta),一个是婆罗门,一个

是刹帝利，亦即一个是"属灵的权力"，一个是"属世的权力"。

此外，数论派精心解释的二元论——一方面是如沉思者那样的消极的、平静的"神我"（*purusha*），另一方面是积极的、多产的"自性"（*prakriti*）——印度人有时也会将它理解为密多罗和缚噜拏之间的对立的体现。[79]在吠檀多哲学中关于梵天和摩耶之间也产生了这种类似的对应，正如一部古老的仪式文本所言，"密多罗就是梵天"，而且吠陀时代的摩耶就是巫师缚噜拏特有的技术。[80]此外，早在《梨俱吠陀》（I，164，38）时代，缚噜拏就等同于某种显现物了。

两极和对立统一（*Coincidentia Oppositorum*）

当然，密多罗—缚噜拏这一对神并不是一切其他对立统一的最初模式，而只是印度思想认识到宇宙整体和人类存在的基本结构在宗教和神话层面上的重要的表现形式而已。实际上，后世的思想将梵天的两个方面作了区分：*apra* 和 *para*，"下界的"和"上界的"、可见的和不可见的、显现的和不显现的。换言之，它是一种两极对立的奥秘，同时也是二元统一和有节奏的转化，可以在神话的、宗教的以及哲学的"阐述"中加以解读：密多罗和缚噜拏就是梵天的可见和不可见的两个方面，是梵天和摩耶、神我和自性，以及后来的湿婆和性力或者轮回和涅槃。

但是，其中一些两极对立倾向于在一种对立统一、矛盾统一——整体性以及我前面提到的始基中消除自身。这并不只是一个形而上学的沉思的问题，而且还是一个用语（formula）

的问题,印度试图借此确立一种特定的生存方式,这一点已经为一个事实所证明,即对立统一包含着生解脱(*jivan mukta*),即指一个人继续生活在今世却已获得最终解脱;或者指一个"觉者",在他眼里涅槃和轮回已经合而为一;或者指这样一种状况,一个性力派瑜伽行者能够从苦行跃入纵欲而无须改变任何行为。[81]印度的精神执着于"**绝对**"。但是,不管人们如何设想**绝对**,除了超越于对抗和两极对立之外,都不能将其设想为其他任何东西了。因此,印度认为纵欲便是获得解脱的工具之一。"绝对"、最终的拯救、自由、解放(*moksha*)、解脱(*mukti*),那些未能超越经文所言"一对一对的对立面",也就是我们所讨论的两极对立的人是绝无可能登堂入室的。

　　印度人的这种重新解释令人想到某些古代社会的仪式,它们虽然和具有两极对立的结构的神话有关,但是也寻求以集体纵欲来消除对立。我们看到,达雅克人在新年节里搁置一切规则和禁令。坚持认为在达雅克人的神话—仪式场景和旨在消除对立的印度哲学和秘技之间存在差别是毫无用处的;差别显然存在。但是,在这两种情形下,至善(*summum bonum*)是超越两极对立的。诚然,在达雅克人看来,至善体现在本身确保一个新的创造、一个新的生命圆满的显现的神圣整体,而在瑜伽行者和其他思想家看来,至善超越了宇宙和生命,因为它代表着一种新的存在维度、无为(*unconditioned*)、绝对自由和至福的维度,一种不为宇宙和诸神所知的生存模式,因为它是人类创造,只有人类才能够获得。甚至诸神,即使他们渴望获得绝对自由,也必须化身为人,用只有人类发现和发明的工具来获得这种解脱。

170

但是,回到达雅克人和印度人的比较上来,我们还要补充的是:特定族群或特定宗教的创造性并不仅仅表现在对一个古老的两极对立体系的再解释和再评估(revalorization),而且也表现在赋予对立面的再统一—(reunion of contraries)以意义。达雅克人的纵欲仪式和性力派的纵欲达到了某种对立统一,但是在这两种情况下,超越对立面的意义却有所不同。换言之,不论两极对立的发现以及对于它们综合的希望的体验,还是建构和有时预期这些体验的符号化,都不会穷尽,即使在某些文化里面,这种体验和符号化似乎已经穷尽了它们的所有可能性。我们必须从一种整体的观点,无所不包的文化整体性来评价那表达宇宙生命的结构,以及解释人类在这个世界上的生存模式的象征之多样性。

阳　和　阴

我有意将中国的例子放在最后。正如在美洲和印度尼西亚的远古社会,以阳和阴的符号表达宇宙的两极对立,通过仪式而"生存"下来,而且很早就为宇宙的分类提供了模式。除此之外,如同在印度一样,阳和阴的对立一方面发展成了一种宇宙结构,使身体的技术和灵性的操练得以系统化与合法化,另一方面启发了缜密的系统化的哲学思考。我在此既不阐述阳和阴的结构,也不追溯它的历史。只要提到这一点就足够了:两极对立的象征在商朝(根据传统的中国编年史,前1400—前1122年)青铜器的纹饰上就已经有大量发现了。韩策(Carl Hentze)对这个问题倾力开展了大量工作,他指出两极对立的象征特别突出它们的关联性；例如，猫头鹰或其他象征黑暗的形象，必有一个"太阳眼睛"，而光明的象征则用"夜晚"的符号表示。[82]韩策将两极对立象征的关联性解释为说明了时间更新和灵性再生的宗教观念。韩策认为，阳和阴的象征在最初的文字文本出现之前就表现在古代仪式器物上面了。[83]

这也是葛兰言得出的结论，但他从另外的材料，利用不同的方法得出这个结论。葛兰言认为，在《诗经》里面，阴这个字令人想到寒冷和多云的气候，以及内部的观念，而阳这个字则表明阳光普照和暖意。[84]换言之，阳和阴表示天气的具体的、相对的方面。[85]在《归藏》，一部已佚的仅从残篇知其一二的占卜手册中，阳和阴是"一明"和"一晦"的问题，先于庄子的说法："一盛一衰……一清一浊……一死一生。"[86]因此，世界就是"一种周而复始的秩序的整体（**道、变、通**），它由两种转化的和互补的现象的结合所构成"[87]。

葛兰言认为，转化的观念看来超越了对立的概念。[88]这在时令结构中有着清晰的表现。"阳和阴被用于编制历法，因为它们的符号以一种特殊的力量唤起两种具体的对立方面的有节奏的合二为一。"[89]哲学家们认为，在冬天，阳受制于阴，在封冻的土地下面经受一年一度的考验而变得生气勃勃。阳在春天开始之际挣脱牢笼；然后冰雪融化，万物复苏。[90]由此可见，宇宙本身就是由一系列对抗形态以周而复始的方式转化而成的。

葛兰言着迷于杜尔克姆的唯社会论，倾向于从中国社会生活的古老用语（formulas）中推演出宇宙轮换概念和系统阐

172

述。我们不需循此道追随他。但是,我们注意到,两性活动的互补性转换,以及阴阳交互作用的宇宙节律之间的对称性,这是极其重要的。由于在一切事物中的阴柔本性皆称之为阴,阳刚本性则称之为阳,因此阴阳和合主题——在葛兰言看来,在整个中国神话中占据主导——揭示了一种宇宙的和宗教的维度。在古代中国,两性之间的仪式性对立,是在两群人之间的对立而实现的[91],同时也表达了两种存在模式的互补的对抗,以及两个宇宙原则即阳和阴的转化。在春秋两季的集体节期里,两组对立的合唱队,排成两队,面对面站立对歌。"阳唱阴合",这两个准则是可以互换的;它们都是指宇宙和社会的节律。[92]对歌的合唱队面对面相遇,就像光明和黑暗相对。他们相遇的田野代表整个空间,正如团体象征人类社会的整体性及属于自然的现实的实体。[93]节日以集体的阴阳和合结束。正如我们注意到的,这种仪式性的纵欲在世界许多地方都十分著名。此情此景,被当作一年之中生的基本规律的两极对立通过对立面的联合而被消除或者超越了。

173　　我们不需要回顾这些范畴的阐述,这是在哲学家的系统著作中要做的事情。我们只能补充说,道的概念和作为一种两极对立的解决方案及其与各种原始人的"第三项"的准则的比较,为观念史学家构成了一个令人神往的主题。这项工作很快就要付诸实施了。

最 后 的 评 论

总之,在任何比较分析中,我愿意回到我认为至关重要的一个观点,即任何精神的创造都不可以还原到一个预先存在的价值体系。在神话和宗教的世界里,每一种创造都再创造了其自身的结构,正如每一位大诗人都重新发明其语言一样。不同类型的二元分化和二元对立、二元和转化、对立的孪生体以及对立统一,在世界的每一个地方和文化的每一个阶段里都可以找到。但是宗教史学家最终的兴趣在于,他要从直接的材料中发现一个特定的文化或者一组文化究竟做了什么。一种追求理解文化创造的解释学,切不可受到诱惑,将各种孪生体和两极对立还原为一个反映某种无意识逻辑行为的基本类型。因为,一方面,各种二元分殊可以分为许多范畴,而另一方面,某些特殊的体系可以容纳很多功能和价值。在这里无意提出一个由各种类型和形态的宗教的二元分殊、孪生体和两极对立构成的完备详尽的结构学。事实上,这一繁重的任务早已超出了我们的主题。但是有一些我们已经分析过的、作为最具代表性而有意挑选出来的文献,就足以说明我们的观点了。

大体而言,可以区分:(1)一些宇宙的两极对立;(2)这些两极对立直接与人类的状况相关联。当然,在宇宙的二元分殊和两极对立,与人类特定的生存模式之间在结构上有着一致性。尽管如此,我们初步的划分是有用的,因为主要是第二种两极对立在某些文化和某些时刻会走向系统的哲学沉思。在宇宙的两极对立中,我们可以分辨出空间结构(右/左、高/下,等等)、时间结构(日/夜、四季,等等),以及最终表现宇宙生命的过程(生/死、植物的周期,等等)。至于和人类状况有关的二元分殊和两极对立,它们数量更加多一些,而且可以说

174

更加"开放"一些。基本的一对固然是男/女,但是还有不同民族的二元分殊("我们"/外人)、神话的二元分殊(对抗的孪生子)、宗教的二元分殊(神圣/世俗,事实上是指一种整体的两分,同时和宇宙、生命以及人类社会相关联;诸神/诸神之敌,等等),以及伦理的二元分殊(善/恶,等等)。

在这种有限的、不完全的划分中,首先令人吃惊的是这样一个事实,即大量的两分和两极对立是相互包含的,例如,宇宙的两极对立和性的或是宗教的两分等。究而言之,它们表达了生命的模态,它们被理解为周而复始、循环往复。恰如我们注意到的那样,在科基人和印度尼西亚人(可以说中国人也是如此)那里,两极的对抗成为人们借以揭示宇宙的结构和其自身存在意义的"密码"。在这个阶段里,不可以说这是宗教的或伦理的"二元论",因为对抗并不以"邪恶"或者"魔鬼"为前提。宗教的二元论观念产生于这些成对的两极对抗不再相互包含。这在加利福尼亚印第安人的一些宇宙诞生神话中是显而易见的,科约特屡次成功地干预了神的创世工程。类似的情况也可见于曼尼布须的神话:他和下界的势力发生冲突并不是预先安排的,而是因为一个偶然事件(他的兄弟被狼杀掉)。

明确界定究竟在哪些文化的哪些时期,那些一直被当作宇宙整体之建构性的、普遍阶段的生命之否定方面,丧失了它们最初的功能并且开始被解释成为恶的显现,这将是一件十分有趣的事情。因为在两极对立体系所主导的宗教里,恶的观念似乎是缓慢地、艰难地产生的;在某些情况下,恶的概念甚至产生了许多生命之否定方面(例如痛苦、疾病、残忍、厄运、死亡,等等)。我们已经看到,在科基人那里,恶的原则被当成整个宇宙一种不可避免的、必然的阶段。

　　最后,对立面的中介也表现出极其不同的解决方案,看到这一点也是至关重要的。对立、冲突和斗争是存在的,但在某些情况下,冲突通过一种联合得到解决,这种联合产生了一个"第三项",而在其他情况下,两极对立似乎不是在一种对立统一中矛盾地共存,就是被超越,亦即被彻底消除或者转化为不真实的、不可理解的或者毫无意义的事物(我尤其要提到某些印度的形而上学思想和"秘技")。这种由对立双方的中介——我们还要补充的是,还有各种拒绝任何中介的极端的"二元论"立场——所带来的不同的解决问题的方案,值得做进一步的特殊的研究。如果说针对两极对立所引发的危机的任何解决方案确实就是智慧的开端,那么正是这种多样性和千万变化的解决方案,将产生批判性的反思,并且为哲学的到来做好准备。

注　释

[1]　*Année Sociologique*, 6(1903):1—72.

[2]　在这篇论文的英文译本中,罗德尼·尼达姆(Rodney Needham)概括了最重要的反对意见[*Primitive Classification*(Chicago, 1963), pp.xvii—xviii, xxvi—xxvii]。

[3]　Robert Hertz, "De la preeminence de la main droite", *Revue Philosophique*, 48(1909):553—80,尤其是第 559、561 页以下。在"原始人"象征分类中,右和左的问题最近产生了一系列颇有启发的研究,尤其可以参见 T.O.Beidelman, "Right and Left Hand among the Kaguru: A Note on Symbolic Classification", *Africa*, 31(1961):250—57; Rodney Needham, "The Left Hand of the

Mugwe：An Analytical Note on the Structure of Meru Symbolism，"*Africa*，30（1960）：20—33，以及"Right and Left in Nyoro Symbolic Classification，"ibid.，36（1967）：425—52；John Middleton，"Some Categories of Dual Classification among the Lugbara of Uganda，"*History of Religions*，7（1968）：187—208。R. Needham 主编的一部著作即将出版，题《右与左：二元象征论》（*Right and Left：Eassys on Dual Symbolic Classification*）。

［4］ Marcel Granet，*La Pensée Chinoise*（Paris，1934），p.29 n.1.

［5］ W.H.R.Rivers，*The History of Melanesian Society*，2 vols.（Cambridge，1914），vol.2，Chap.38，and *Social Origins*（London，1924）.

［6］ 参见乔治·杜米兹的《古代罗马人的宗教》（*La Religion romaine archaïque*）第 72 页的概述（巴黎，1966 年）。

［7］ 参见 G.Dumézil，*Naissance de Rome*（Paris，1944），第 2 章。

［8］ G.Dumézil，*Religion romaine archaïque*，pp.75 ff.

［9］ Claude Lévi-Strauss，*Anthropologie stucturale*（Paris，1958），p.254，p.248.

［10］ 我们将不讨论这个问题的某些重要方面——例如，双性同体的神话和仪式、对立统一的宗教结构、围绕诸神和魔鬼以及上帝和撒旦冲突的神话和神智等等——我在《摩菲斯托费勒斯和双性同体》（巴黎，1962 年，第 95—154 页；英译本，纽约，1965 年，第 78—124 页）业已作了探讨。

［11］ R.M. and C.H.Berndt，*The World of the First Australians*（Chicago，1964），p.248.

［12］ 参见 M.Eliade，"Australian Religions，part III：Initiation Rites and Secret Cults，"*History of Religions*，7（1967）：61—90，especially p.87 and p.89；H.Baumann，*Dasdoppelte Geschlecht*（Berlin，1955），pp.345 ff.。

[13] A.B.Deacon, *Malekula* (London, 1934), pp.478 ff.

[14] 参见伊利亚德:《摩菲斯托费勒斯和双性同体》,第 121 页以下。

[15] 巴凯里人(Bakairi)有一个神话讲述了天神卡姆希尼(Kamuscini)在创造人类之后,使一位女子嫁给了神话的美洲豹奥卡(Oka)。奇妙的事情发生了,妻子怀孕了,但却遭到婆婆的谋杀。孪生神克里(Keri)和卡姆(Kame)从母亲已经没有生命的身体里面带了出来,并且为母亲报仇,烧死了谋害者。佩塔佐尼(R.Pettazzoni),*Dio*, 1(1922):330—31 收集了这个古老的资料。亦可参见 Paul Radin, "The Basic Myth of the North American Indians," *Eranos Jahrbuch*, 17(1949):371 ff.; A.Métraux, "Twin Heroes in South American Mythology," *Journal of American Folklore*, 59(1946): 114—23; Karin Hissing and A.Hahn, *Die Tacana*, *Erzählungsgut* (Frankfort, 1961), pp.111 ff.。

[16] 参见 Otto Zerries 在 W.Krickeberg, H.Trimborn, W.Müller, O.Zerries 编论文集 *Les Religions amérindiennes* (Paris, 1962), p.390 所载论文。

[17] Egon Schaden, *A mitologia héroica de tribos indígenas do Brasil*, 2d ed.(Rio de Janeiro, 1959), pp.103—16,引用 Telemaco Borba, *Atualidade indigena* (Curitiba, Brazil, 1908), pp.ii ff., 20 ff., 70 ff.,以及 H.Baldus, *Ensaios de Etnologia brasileira* (Saõ Paolo, 1937), pp.29 ff., 45 ff., 60 ff.。

[18] 科赫·格伦贝格(Koch-Grünberg),采雷斯在《美洲印第安人的宗教》(*Religions amerindiennes*)一书中所作的概括,第 361—362 页。

[19] Curt Nimuendaju, *The Apinayé*, The Catholic University of America, Anthropological Series no.9(Washington, D.C., 1939), pp.158 ff.

[20] 阿曼娜,蛇尾美妇人,象征着时间和永恒,虽然她住在天上的水

里,但是周期性地诞生,就像蛇蜕皮一样。死者的灵魂以及大地本身也是重复这样的行为。阿曼娜创造一切,变化无数。

[21] Josef Haekel, "Purá und Hochgott," *Archiv für Völkerkunde*, 13 (1958):25—50, especially p.32.

[22] 增加案例并无多少益处。我们可能提到过 Timbira,对其而言,宇宙只包含着两个部分,一方面是东方、太阳、白日、干季、火、红色,另一方面是西方、月亮、夜晚、雨季、水、黑色,等等。库尔特·尼蒙达久, *The Eastern Timbira*, University of California Publications in Archaeology and Ethnology, vol.XLI (Berkeley and Los Angeles, 1946), pp.84 ff.。

[23] Curt Nimuendaju, "Religion der Apapocuva-Cuarani," *Zeitschrift für Ethnologie*, 46(1914):305 ff.

[24] Haekel, "Purá and Hochgott," p.32.

[25] 我们详细地引用 G.Reielha-Dolmatoff 的文章,"Notas sobre el simbolismo religioso de los Indios de la Sierra Nevada de Santa Marta," *Razón y Fabula*, *Revista de la Universidad de los Andes*, no.1 (1967):155—72, especially pp.63—67。

[26] 参见 Werner Müller, *Die Blaue Hütte* (Wiesbaden, 1954), pp.12 ff.。

[27] 实际上,当大地消失在水下时,曼纳布须派一只动物从深渊底部带来一块石灰石[关于这个母题,参见 M.Eliade, "Mythologies asiatiques et folklore sud-est européen: le plongeon cosmogonique," *Revue de l'Historie des Religions*, 160(1961):157—212; the American variants are found on pp.194 ff.] Mänäbush re-created the earth and made anew the animals, plants, and man; 参见 Mac Linscott Ricketts 在 *The Structure and Religious Significane of the Trickster-Transformer-Culture Hero in the Mythology of the North American Indians*

(Ph.D.diss., University of Chicago, 1964), vol.1 p.195, n.35 书中的参考书目。

[28] 我们还要补充的是,曼纳布须代表着某种片子的特点;例如,他具备超强的、怪诞的性活动,虽然是个英雄,但是有时心胸狭窄得令人吃惊。

[29] 神话及其书目载于 Ricketts, "Structure and Religious Significance," vol.1, pp.196 ff.; Müller, *Dïe Blaue Hütte*, pp.19 ff.,以及 *Die Religionen der Waldlandindianer Nordamerikas* (Berlin, 1956), pp.198 ff.。

[30] W.J.Hoffman, "The Midewiwin or 'Grand Medicine Society' of the Ojibwa," *Seventh Annual Report of the Bureau of American Ethnology*, 1855—86(Washington D.C., 1891), pp.143—300, especially pp.207 ff.; Müller, *Dïe Blaue Hütte*, pp.52 ff.

[31] Müller, *Dïe Blaue Hütte*, pp.81 ff., 117, 127.

[32] Ibid., pp.38 ff., 51.

[33] Ibid., pp.80 ff.同样的象征也可见于奥马哈人的流汗狩猎的结构(ibid., 122)、兰纳皮人(Lenape)和普莱力(Prairie)阿耳贡金人(ibid., 135),以及其他地方。

[34] Frank G.Speck, *A Study of the Delaware Big House Ceremonies*(Harrisberg, Pa., 1931), pp.9 ff.; Müller, *Religionen der Waldandindianer*, pp.259 ff.;亦可参见 Josef Haekel, "Der Hochgottglaube der Delawaren in Lichte ihrer Geschichte," *Ethnologica*, n. s., 2 (1960):439—84。

[35] J.N.B.Hewitt, *Iroquoian Cosmology*, First Part, Twenty-first Annual Report of the Bureau of American Ethnology, 1899—1900 (Washington, D.C., 1903), pp.127—399,特别是 pp.141 ff., 285 ff.,可参见 Müller, *Religionen der Waldlandindianer*, pp.119 ff.(他

使用了其他原始资料),还有同一作者给书的相同概述,在 *Les Religions amérindiennes*,pp.260—62。Ricketts 总结了相当数量的变量,见于"Structure and Religions Significance,"vol.2,pp.602 ff.。休伊特在奥内达加族收集到了另一个版本,其中,好哥哥与他的燧石弟弟一道升入天堂。

[36] 关于仪式性方法,参见 Müller, *Religionen der Waldlandindianer*, pp.119 ff.,256 ff.。

[37] 关于面具,参见 Müller, *Les Religions amérindiennes*,(p.271,n.1.)书目。

[38][39] Müller, *Les Religions amérindiennes*,p.272.

[40] 参见 M.Eliade, *Mythes*,*Rêves et Mystères*(Paris,1957),pp.211—14[English translation:*Myths*,*Dreams and Mysteries*(London and New York,1961),pp.158 ff.]所引用的资料。

[41] 关于卡钦纳斯神,参见 Jean Cazeneuve, *Les Dieux dansent à Cibola* (Paris,1957)。

[42]   参见 M. V. Stirling, *Origin Myth of Acoma and Other Records*, Smithsonian Institution Burea of American Ethnology, Bulletin CXXXV(Washington,D.C.,1942);Lesile White, *The Acoma Indians*,Annual Report of American Bureau of Ethnology(Washington,D.C.,1932)。另外一个普韦布洛族群的神话,造物主希亚(Sia)、蜘蛛苏西斯廷纳科(Sussistinako)自处生存于地下。苏西斯廷纳科画沙画,唱歌,由此创造了两个女子,乌赛特(Utset,"东方")和诺乌赛特(Nowutset,"西方"),她们最终成为印第安人和其他各民族(或者根据其他一些版本,普韦布洛人和拿伐鹤人)的母亲。蜘蛛继续用唱歌创造,但是这两个女子也显示出她们的创造力,她们之间的对抗也变得严重起来。为了证明自己略胜一筹,她们开展了无数的竞争。因此,属于这两个女子的民族之间

互相发生战争。最后，乌赛特袭击诺乌赛特，杀死了她，挖出心脏。从她的心脏里生出老鼠（或者松鼠或者鸽子），逃进荒漠，诺乌赛特的民众也跟着它逃走了。蜘蛛将太阳和月亮以及其他动物送上天，立了一根芦苇好让人类浮到水面上来。实际上，人类顺着芦苇爬到湖面。乌赛特把数瓣她自己的心脏给了人类种植，由此产生了玉米。她说："这玉米是我的心，它供我的民众使用，就像他们喝我胸口的乳汁。"最后，乌赛特组织祭司，答应在地下帮助他们〔Matilda Coxe Stevenson, *The Sia*, Eleventh Annual Report of the American Burean of Ethnology, 1889—90(Washington, D.C., 1894), pp.26 ff.; Ricketts, "Structure and Religious Significance," vol.2, p.544〕。

［43］ Ronald B.Dixon, *Maidu Myths*, Bulletin of American Museum of Natural History, XVII(Washington, D.C., 1902), pp.33—118, especially pp.46—48, and *Maidu Texts*, Publications of the American Ethnological Society, IV (Leiden, 1912), pp.27—69; Ricketts, "Structure and Religious Significance", vol.2, pp.504 ff;亦可参见 Ugo Bianchi, *Il Dualismo religioso* (Roma, 1958), pp.76 ff.。

［44］ 在另外一个加利福尼亚印第安部落，温吐姆（Wintun），造物主奥勒比斯（Olelbis）决定，人类将如同兄弟姐妹一样生活，没有死亡和诞生，生活简朴而幸福。他命令两位兄弟建造一条"石路"直通天庭；人们到年老的时候可以借这条道路上天，在一处奇妙的温泉里面沐浴，重新获得青春。但是就在他们修路的时候，塞蒂特（Sedit），奥勒比斯的对手出现了，他说服一个兄弟，在世界上诞生、结婚和死亡，甚至工作，岂不更好。两兄弟破坏了马上就要修好的天路，变成秃鹫飞走了。但是塞蒂特很快就后悔了，因为他感到自己也难免一死。他企图用树叶做的引擎飞到天庭，但是掉

下来摔死了。奥勒比斯看到这一切就在天上欢呼道:"这是第一个死亡;从今往后,一切人类都要死去。"[这些文献 William Schmidt 作了详细的分析,*Ursprung der Gottesidee*, 12 vols. vol.2 (Münster, 1929), pp.88—101.]属东部阿耳贡金部落的阿拉帕合人(Arapaho)也有类似的神话:造物主("彼人")正要完成其工作的时候,有个谁也不知道的人尼哈撒(Nih'asa,"残酷的")手拿一根棍棒过来,要求给他创造力量和一块土地。造物主答应了他的第一条要求,尼哈撒就挥舞他的棍棒创造了大山与江河。后来,造物主将一块皮肤丢入河水,宣布:"正如这块皮沉入水底又浮到水面,人类也必有一死,而后复活。"但是尼哈撒在一旁评论说,大地很快就会住满人类的;他扔了一块卵石到水里并且宣布,正如这块石头沉入水底消失,人类的命运也将如此(参见 Schmidt, ibid., pp.707—9, 714—17; Bianchi, *Dualismo religioso*, pp.108—9)。

[45] A.L.Kroeber, "Yuki Myths," *Anthropos*, 27(1932):905—39, especially pp.905 ff., and *Handbook of the Indians of California*, Smithsonian Institution, Bureau of American Ethnology, Bulletin 78(Washington, D.C., 1925), pp.182 ff.

[46] *Ursprung der Gottesidee*, vol.5, p.44, p.62, quoted by Bianchi, *Dualismo religioso*, pp.90 ff.

[47] E.M. Loeb, "The Creator concept among the Indians of North Central California," *American Anthropologist*, n.s.28(1926):467—93, especially pp.484 ff.

[48] 小丑作为科约特在大平原、大盆地、高原和西南部,以及加利福尼亚出现。但是在西北海岸,他是乌鸦或水貂,而在东南部以及古代的阿耳贡金人那里他是兔子。在近代阿耳贡金人、希约克斯人(Sioux)以及某些其他部落,他有着人的形象,有特别的名字,如格鲁斯卡布(Gluskabe)、伊克多密(Iktomi)、维萨迦(Wisaka)、老

人、智者等等。

[49]　参见 M.L.Ricketts, "The North American Indian Trickster," *History of Religions*, 5(1966):327—50, especially pp.336 ff.。

[50]　Ibid., pp.338 ff.

[51]　参见 W. Münsterberger, *Ethnologische Studien an Indonesischen Schöpfungsmythen*(The Hague, 1939)。在几乎所有东印度尼西亚、摩鹿加和西伯里斯,宇宙诞生的神话都提到了天(或太阳)与地(或月亮)的结婚。生命——亦即植物、动物和人——都是这次婚姻的结果[参见 Walder Stöhr in *Die Religionen Indonesiens*, ed. W.Stöhr and Piet Zvetmulder, (Stuttgart, 1965), pp.123—46]。由于宇宙创造的神婚为任何其他"创造"确立了一个模式,在一些岛屿上,如勒蒂和拉库尔,在雨季开始之际要庆祝天地成婚:庆典中天神乌普勒罗(Upulero)从天而降,令大地之神乌普奴莎(Upnusa)丰产[H.Th.Fischer, *Inleiding tot de culturele Anthropologie van Indonesie*(Haarlem, 1952), p.174;参见 Stöhr, *Religionen Indonesiens*, p.124]。另一方面,人类的每一次婚姻都是天地神婚的一次重演(Fischer, *Inleiding tot de culturele Anthropologie*, p.132)。由神婚而导致的宇宙诞生似乎是一个遍布各地的神话主题,也是最古老的(Stöhr, *Religionen Indonesiens*, p.151)。还有一个平行的主题解释了原先结合在一起的天地的分离创造宇宙[参见 Hermann Baumann, *Das doppelte Geschlecht*(Berlin, 1955), p.257; Stöhr, *Religionen Indonesiens*, p.153]。在许多情况下,印度尼西亚的至上神的名字是由"太阳—月亮"或者"父亲—母亲"等名字的粘着法构词所组成[参见 Bauman, *Das doppelte Geschlecht*(Berlin, 1955), p.138];换言之,太初神灵的整体性被设想为天地是无差别的,由神婚连接在一起。

[52]　Hans Schärer, *Die Gottesidee der Ngadju Dayak in Süd-Borneo*(Lei-

den，1946），pp.70 ff.［English translation：*Ngaju Religion*（The Hague，1963），pp.32 ff.］

［53］ P.Suzuki，*The Religious System and Culture of Nias*，*Indonesia*（The Hague，1959），p.10；Stöhr，*Religionen Indonesiens*，p.79.

［54］ P.Suzuki，*Religious System*，p.82.

［55］ J.P.Duyvendak，*Inleiding tot de Ethnologie van den Indischen Archipel*，3d ed.（Groningen-Batavia，1946），pp.95—96。参见 Claude Lévi-Strauss，*Anthropologie Structurale*（Paris，1958），pp.147 ff.。

［56］ 爪哇岛的巴敦人（Badung）将他们的社会分为两范畴：内巴敦代表神圣的一半，而外巴敦代表世俗的一半；前者统治后者［参见 J.van. der Kroef，"Dualism and Symbolic Antithesis in Indonesian Society，"*American Anthropologist*，n.s.56(1954)：pp.853—54］。在巴厘岛，生和死、日和夜、幸运和厄运、赐福和诅咒，都和岛的地理结构有关，亦即山山水水分别象征着世界的上只角和下只角。山代表着赐福的方向，因为雨便是从那里降落的；相反，大海象征下界的方向，因此与不幸、疾病和死亡相关。在大海和群山之间——亦即在世界的上只角和下只角之间——就是有人居住的土地，巴厘岛；它叫马蒂亚帕（*madiapa*），同时属于这两个世界的中间区域。因此，它承受着双方的对抗性的影响。正如斯维兰格勒贝尔（Swellengeleber）所言，马蒂亚帕（巴厘岛），"是对立的两极的统一"（转引自 van der Kroef，"Dualism and Symbolic Antithesis，"p.856）。当然，宇宙结构的系统要更加复杂，因为与南和西相对立的北和东的方向，与不同的颜色和神灵有关联（Ibid.，p.856）。

［57］ 小刀、短剑（*kris*）和长剑是男性的象征；衣服是女性的象征（参见 Gerlings Jager，转引自 van der kroef，ibid.，p.857）。在达雅克人中，衣服和长矛相配，象征两性的结合。旗——亦即旗杆（长矛）

和衣服——代表生命树,表示神圣的创造力和不死(参见 Schärer, *Die Gottesidee*, pp.18—30)。

[58] J.van der kroef, "Dualism and Symbolic Antithesis," p.853。在婚姻和商业活动里,新郎部族的图腾和新娘氏族的图腾结合起来,由此象征通过它们的斗争,而使人类集团实现一种宇宙的结合(ibid., p.850)。

[59] 转引自 ibid., p.853。在另外一本书里,作者评论道,天和地、男和女、中心和两边的对立都是通过一贯地、启示性地强调社会范畴和特别的称号而表达出来的(ibid., p.847)。

[60] J.P.B. de Josselin de Jong, "De Oorsprong van den goddelijken Bedrieger," pp.26 ff.,转引自 F.B.J.Kuiper, "The Ancient Aryan Verbal Contest," *Indo-Iranian Journal*, 4(1960):p.279。

[61] 参见 Waldemar Stöhr, *Das Totenritual der Dayak*(Cologne, 1959), pp.39—56, and *Religionen Indoesiens*, pp.31—33。关于葬礼及其相关神话的完整描述,参见 Hans Schärer, *Der Totenkult der Ngadju Dayak in Süd-Borneo*, 2 vols.(The Hague, 1966)。

[62] 正是二元论组织的问题的这个方面,令克洛德·列维-斯特劳斯深感兴趣;参见 *Anthropologie Structurale*, pp.166 ff.。

[63] H.Baumann 在其所著 *Das doppelte Geschlescht* 里,试图将(代表古代阶段的)两性对立追溯到作者认为是后起的神人双性的观念。参见我在 *Revue de l'Histoire des Religions*, January-March, 1958, pp.89—92 的评论。

[64] Mircea Eliade, *The Myth of the Eternal Return*(New York, 1955), p.19.

[65] Maitrāyaṇī-Saṃhitā, II, 1, 3,转引自 F.B.J.Kuiper, "Ancient Aryan Verbal Contest," p.251。

[66] Ibid., pp.251 ff.

[67]　Ibid., p.269.

[68]　转引自 ibid., p.247。

[69]　F.Sierksma, "Rtsod-pa: the Monacal Disputations in Tibet," *Indo-Iranian Journal*, 8(1964):130-52, especially pp.142 ff.

[70]　A.Wayman, "The rules of debate, according to Asanga," *Journal of the American Oriental Society*, 78 (1958): 29—40; Sierksma, "Rtsod-pa."

[71]　R.A.Stein, *Recherches sur l'épopée et le barde au Tibet*(Paris, 1959), p.441.

[72]　Ibid., pp.440—41.

[73]　Ibid., pp.390—91, etc.。参见 Sierksma, "Rtsod-pa," pp.146 ff.。

[74]　Mircea Eliade, *Méphistophélès et l'Androgyne*(Paris, 1962), p.109 [English translation: *Mephistopheles and the Androgyne*(New York, 1965), p.89].

[75]　Ibid., pp.111—13[English translation: *Mephistopheles and the Androgyne*(New York, 1965), p.89]。

[76]　Georges Dumézil, *Mitra-Varuna*, 2d ed.(Paris, 1948), p.85.

[77]　Ibid., p.62.

[78]　参见 Ananda K.Coomaraswamy, *Spiritual Authority and Temporal Power in the Indian Theory of Government*(New Haven, 1942); M. Eliade, "La Souveraineté. et la Religion Indo-Européennes," *Critique*, no.35(April, 1949):342—49。

[79]　例如,参见 *Mahābhārata*, XIII, 318, 39,转引自 Dumézil, *Mitra-Varuna*, p.209。

[80]　Ibid., pp.209—10.

[81]　我在《瑜伽术》(*Techniques du Yoga*,巴黎,1948 年)和《瑜伽:自由和不朽》(*Le Yoga. Liberté et Immortalité*,巴黎,1954 年)中已经讨

论了这些问题。

［82］　参见 Carl Hentze，*Bronzegerät*，*Kultbauten*，*Religion im ältesten China der Shangzeit*（Anvers，1951），pp.192 ff.;亦可参见我在 *Critique*，no.83（April，1954）:331 ff.的观察。

［83］　Carl Hentze，*Das Haus als Weltort der Seele*（Stutlgart，1961），pp.99 ff.。关于两极对立的全面阐述，参见 Hermann Köster，*Symbolik des Chinesischen Universismus*（Stuttgart，1958），pp.17 ff.。

［84］　Marcel Granet，*La Pensée Chinoise*（Paris，1934），p.117.

［85］　Ibid.，p.118.

［86］　Ibid.，p.132.

［87］　Ibid.，p.127.

［88］　Ibid.，p.128.

［89］　Ibid.，p.131.

［90］　Ibid.，p.135.

［91］　Ibid.，p.138.

［92］　Ibid.，p.141.

［93］　Ibid.，p.143.

索　引

Albright，W.F.　奥布赖特　30

Algonkians　阿耳贡金人　174，175，177，178，191，211，214

Altheim，Franz　弗朗兹·阿尔泰姆　30

Anamnesis　记忆　103，105

Animism　万物有灵论　10，15，16，27，37，52，57—59；Preaninism
　前万物有灵论　15，16，27，57—59

Archetypes　原型　23，42，149，178，179

Asuras　阿修罗　197，198

Australian religion　澳大利亚宗教　11，108；dreaming time　梦幻时
　代　11，103；Arunta　阿龙塔人　17；Aranda　阿兰达人　102，
　103，105—108；initiation　入会礼　30，55，75，80，82，88，138，
　139—153，156，157，174—176，191，193

Balandier，C.　巴兰第耶　19

Balzac(*Comddie humaine*)　巴尔扎克(《人间喜剧》)　5，93

Baumann，H.　鲍曼　27，92

Benedict，Ruth　鲁思·本尼迪克特　28

Bergaigne，Abel　阿贝尔·贝加涅　56

Berkeley，Bishop　贝克莱主教　113

Bettelheim，Bruno　布鲁诺·贝特海姆　149

Blavatsky，Helena Petrovna　海伦娜·彼得罗夫娜·布拉瓦斯基　54

Boas，F. 波阿斯 28

Bras，Gabriel le 加布里埃尔·勒·布拉斯 19

Brelich，A. 布列希 145，146，156

Bruno，Giordano 乔丹诺·布鲁诺 50

Buchner，Ludwig 路德维希·毕希纳 51

Burckhardt，Jakob 雅各布·布克哈特 77

Burnouf，Eugene 欧根·布诺夫 70

Califñas 卡里纳斯人 168—170

Cannibalism 食人文化 22，42

Casaubon，Isaac 以撒·卡索伯恩 50

Celtic mythology 凯尔特神话 147

Center 中心 32，33，65，85，86，97，101，104，125，128—130，
　　162，172，173，182，183，217；*axis mundi* 世界之轴 85，177

Clemen，Carl 卡尔·克莱蒙 31，73

Cohn，Norman 诺尔曼·科恩 110

Coincidentia Oppositorum 对立统一 81，200—202，205，207，208

Collective Unconscious 集体无意识 18，23，42，62

Comte，Auguste 奥古斯特·孔德 51

Coomaraswamy，Ananda 阿难陀·库马拉斯瓦米 38

Corbin，H. 科宾 30，38，43，72，148

Cosmic egg 宇宙之蛋 172，173

Cotton，John 约翰·科顿 118

Dante(*Divina Commedia*) 但丁(《神曲》) 4，7

Dayak 达雅克人 96—100，107，108，192，194，201，202，216

Death of God 上帝之死 59，60

Deus otiosus 退位神 60，101—103，107，184，187

Deussen，Paul 保罗·杜森 71

Devas 提婆 197，198

Dilthey，Wilhelm 威廉·狄尔泰 36，64

Dogon　多贡人　18，19

Dualism　二元论　159，160，165，170，171，173，175—178，180，181，183—186，188，190，191，193，200，206，207，217；South American Divine Twins　南美的孪生神　167；Kogi　科基人　170，171，173，206；Mänäbush and the Medicinal hut　曼纳布须和治病小屋　174；High God and Culture Hero　高位神和文化英雄　176；Iroquois dualism　易洛魁人的二元论　178；Pueblos　普韦布洛人　183—185，212；California cosmogonic myths　加利福尼亚印第安人宇宙创造神话　188；Trickster　小丑　187—190，214；India and Tibet　印度和中国西藏　195；Polarity and Coincidentia Oppositorum　两极和对立统一　200

Dumézil，Georges　乔治·杜米兹　18，30，33，35，46，145，163，198，208

Dupront，Alphonse　阿封索·杜普隆　110

Durkheim，Emile　埃米尔·杜尔克姆　14

Edwards，Jonathan　约拿单·爱德华　116

Ehrenreich，P.　埃伦莱希　15

Eliot，John　约翰·艾略特　117

Eliot，T.S.　艾略特　117，147，149，161，162

Engnell，I.　恩格内尔　32

Enuma Elish　《巴比伦史诗》　92—94，96；Marduk　马尔都克　92，106；Tiamat　提阿马特　92，106

Eschatology　末世论　109，110—113，116，117，120，121，129，132，134，137；Antichrist　敌基督　112，116，117

Evans-Pritchard，E.E.　伊文思-普里查德　28，29

Evolution　进化　52，53，55，59，69

Fetishism　拜物教　65

Ficino，Marsilio　马希利奥·费奇诺　48，49，113

Fiore，Gioachino da　弗洛里斯·约雅敬　7

Firth，Raymond 雷蒙德·弗斯 29

Francis，St.(*Fioretti*) 圣方济(《小花》) 7

Frazer，J.G. 弗雷泽 16，22，25，28，29，32，39，64，69，73，74，91

Freud，Sigmund 西格蒙德·弗洛伊德 14—16，21—23，32，58，62，
63，67，74，149，152

Friedrich，A. 弗雷德里希 28，47，71，75

Fox，John D. 约翰·福克斯 54

Frankfort，H. 法兰克福 33

Frobenius，L. 弗罗奔尼乌斯 27

Fürer-Haimendorff，Chr.v. 克里斯托弗·冯·富勒尔-海门多夫 27，
112

Gaster，Theodor H. 提奥多尔·H.加斯特 30

Gernet，L. 谢尔奈 17

Gilgamesh Epic 《吉尔伽美什》 92

Glasenapp，H.von 冯·格拉森纳普 30

Goethe 歌德 151，171

Goldenweiser，A.A. 戈登怀泽 17

Goodenough，Erwin 埃尔温·古登诺 30

Graebner，F. 格拉布纳 25，58，161

Granet，Marcel 葛兰言 17，160，203，204

Greek religion 希腊宗教 11，17，30，31，69；mystery religions 秘
传宗教 144

Griaulle，M. 格里奥勒 18，19

Gusinde，M. 古辛德 144

Haeckel，Ernst 恩斯特·海克尔 44，52，169

Haekel，Joseph 约瑟夫·海克尔 27

Hawthorne，Nathaniel 纳撒尼尔·霍桑 121

Herbert，George 乔治·赫伯特 114

Hermeneutics 解释学 1，3，10，20，23，31，37，38，72，74，76—80，

83，85，87，93，165，205；～和文学批评　80，149

Hermeticism　赫尔墨斯主义　48—50，59，113，114

Hieros gamos　神婚　166，192，215

High God　高位神　25—27，30，57—61，101，176，185；Great Father 大父　101—103，106

History　历史　2—5，7—14，16，20，22，23，25，26，28—35，37，38，42—44，46，49，50，52，55—61，63—67，70—78，80—84，86，87，89，90，92，94—96，99—101，103，105，107，109—113，117，120—124，129，133，141，146，151，159—164，170，178，188，194，199，202；sacred history　神圣历史　10，94，95，100，101，107；historicism　历史决定论　31，37，38，63，64，162，164

Homo religlosus　宗教人　7—9，24，61，85

Hooke，S.H.　胡克　32

Husserl，E.　胡塞尔　36，37，152

Imago mundi　世界的缩影　167，177

Indianism（Orentalism）　印度学（东方主义）　70—73

Indo-European religions　印欧宗教　30，33，35

Indra　因陀罗　106，195，196

Initiation　入会礼　30，55，75，80，82，88，138—153，156，157，174—176，191，193；～的定义　23，83，90；青春期仪式　139，140，145，152；秘密会社　139，141，143—145，166；秘传宗教　144

Iroquois　易洛魁人　178，180—182，184，185，191

James，E.O.　詹姆士　31，81，123，150

James，Henry　亨利·詹姆士　123，150

Jensen，Ad.E.　杨森　27，92，143

Jeremias，A.　耶利米　15

Jettmar，Karl　卡尔·杰特马　27

Johnson，Edward　爱德华·约翰逊　115

Josselin de Yong，P.E. de　约瑟琳·德·永　193

Jung，C.G. 荣格 14—16，18，23，24，42，62，149

Kaingang 坎冈人 167，168
Kerényi，Carl 卡尔·克伦尼 43，145
Kern，O. 克恩 30
Kluckhohn，C. 克鲁克洪 28
Kogi 科基人 170，171，173，206
Kroeber，A. 科洛贝尔 21，22，28

Lang，Andrew 安德鲁·朗 25，57—59，61，69，74，91
Leenhardt，Maurice 莫里斯·里恩哈特 18
Lévi，Sylvain 希尔宛·列维 71
Lévi-Strauss，Claude 克洛德·列维-斯特劳斯 19，95，164，217
Lévy-Bruhl，Lucien 列维-布留尔 17—19，40
Lewis，R.W.B. 路易斯 121—123，135
Lienhardt，G. 里恩哈特 18，29，91
Lord of Animals 动物之主 27
Lowie，Robert H. 罗伯特·H.罗维 28

Maidu 迈杜人 185，186
Malekula 马勒库拉 166
Malinowski，B. 马林诺夫斯基 21，22，28，74，91
Mana 玛纳 10，15，16，58，59，69
Mannhardt，W. 曼哈德 16
Marrett，R.R. 马雷特 15，29，58，59，64，74
Massignon，L. 马希农 30
Materialism 唯物主义 51—53，164
Mather，Cotton 科顿·马瑟 116，118
Mather，Increase 英克里斯·马瑟 115，118，134
Mauss，M. 莫斯 18，32，159，160
Medici，Cosimo de' 科西莫·德·美第奇 48

Menomini　曼诺米尼人　175—178

Merkelback，R.　梅尔克贝克　146

Messianic-millenarian movement　弥赛亚—千禧年运动　7

Métraux，Alfred　阿尔弗雷德·梅特罗　19，124，125，135

Middleton，J.　米德顿　29

Midēwiwin cult　迷得威文入会礼仪式　174

Mitra-Varuṇa　密多罗—缚噜拏　198—200

Moore，G.F.　摩尔　30

Mowinckel，S.　莫温克尔　32

Mühlmann，W.E.　穆尔曼　27，110，144

Müller，Max　麦克斯·缪勒　34，51，52，56，57，64，65，69—71，
　74

Müller，Werner　维尔纳·缪勒　28，144，175，181

Mus，Paul　保罗·穆斯　30

Mylonas，G.F.　梅洛纳斯　145

Mystery religions　秘传宗教　144

Myth(cosmogonic)　（宇宙诞生）神话　90—107；二元论　159，160，
　165，170，171，173，175—178，180，181，183—186，188，190，
　191，193，200，206，207，217

Myth and Ritual school(patternism)　神话和仪式学派　32，33，74

Mythical Ancestors(Culture Heroes)　神话祖先　95，101，103，141，
　167，168

Ngadju Dayak，mythology of　恩加久·达雅克人的神话　96

Nietzsche，F.　尼采　59—61，63，64，71，75，80

Nilsson，M.P.　尼尔森　30

Nimuendaju，Curt　库尔特·尼蒙达久　124，210

Nock，A.D.　诺克　145

Nostalgia，religious　宗教的乡愁　107；对亚当的乡愁　122；对天堂的
　乡愁　121；原始人～　34，40，57，58，60，61，63，65，74，80，89，
　91，92，110，143，160—162，204，207

Ojibway 奥吉布威人 174

Odenberg，H. 欧登伯格 30，71

Otto，Rudolph 鲁道夫·奥托 11，24，36，88

Otto，Walter 瓦尔特·奥托 30

Paradise(utopia) 天堂(乌托邦) 105，109—121，123—133；美式～ 115，124；原始人的～(瓜拉尼部落) 40，60，89，91，92，110，143，204

Parsons，Talcott 塔尔科特·帕森斯 19

Participation mystique(prelogical mentality) 神秘互渗(前逻辑思维) 17，18，69

Perry，W.J. 佩里 161，162

Pettazzoni，Raffaele 拉菲埃勒·佩塔佐尼 13，14

Phenomenology 现象学 9，11，13，15，20，32，33，36，37，47，74，80，82，152

Philology 文字学 13，33，50，70，71，75—78，96

Pico della Mirandola 皮科·德拉·米兰多拉 49

Plato 柏拉图 37，48，49，54，90，93，114

Poincaré，Henri 亨利·彭加勒 8

Preuss，K.Th. 普瑞乌斯 27

primitive art 原始艺术 4，72

Primitive Christianity 原始基督教 117

Primitive religions 原始宗教 14，19，26—29，36，91，139，187

Primordiality 太初 10，11，21，25，26，38，48—50，52，53，55，56，59，62，63，67，68，77，81，82，92，94，97—101，103—107，110，111，114，123，139，152，179，185，187，189，192，194，196，215

Psychology of religion 宗教心理学 20，36

Pueblos 普韦布洛人 183—185，212

Radcliffe-Brown，A.R. 拉德克利夫-布朗 28

Radin, Paul 保罗・拉定 26,28

Rank,Otto 奥托・兰克 149

Rebirth 再生 122,140,143,150,152,153,155—158,203; *regressus ad uterum* 从母胎中再生 140;复活 16,140—142,150,175,186,187,214

Redfield, H. 瑞德菲尔德 28

Reductionism 化约论 9,12,21,23,24,85,87

Renan, E. 勒南 53,61

Revelation, primordial 太初的启示 48—50

Revivalism "奋进"运动 119

Richer, Jean 让・里歇尔 149

Rieketts, M.L. 里凯特 189

Rivers,W.H. 里维斯 21,161

Rohde, E. 埃尔温・罗德 75

Sacred 神圣 6,9—12,17,24,26,27,31,43,47,49,58—60,65—67,74,78,84,85,90,94—101,104—107,112,113,123,125,126,129,131,139—142,152,160,165—167,170,175,180,181,184,189,192,198,199,201,206,216,217;神圣与世俗 47,165,181

Sanford, Charles L. 查尔斯・桑福德 111,134

Schaden, Egon 艾龚・沙顿 125,132,135,137

Schärer, Hans 汉斯・夏莱尔 96,108

Schebesta, Paul 保罗・谢贝斯塔 27

Schmidt, Wilhelm 威廉・施密特 14,15,17,21,25,27,58,61,161,187

Scientism 科学主义 76

Secret societies 秘密会社 139,141,143—145,161

Shamanism 萨满教 78,80,151,153,169

Slawik, Alex 亚历山大・斯拉维克 27

Smith,G.Elliot 艾略特・史密斯 161,162

Smith, John　约翰·史密斯　115

Social anthropology　社会人类学　25，29

Sociology of Religion　宗教社会学　17，19—21，41，84，135

Soederblom, Nathan　内森·索德布鲁姆　30

Speck, F.G. 斯佩克　28

Spencer, Herbert　赫伯特·斯宾塞　51，52

Spiritism　招魂术　53—54

Stein, R.A. 石泰安　148，196，197

Strehlow, T.G.H. 卡尔·斯特罗　102

Structuralism　结构主义　164

Surrealism　超自然主义　4

Theosophy　神智学会　54—55

Theriomism　动物信仰　27

Thoreau　梭罗　122，135，150

Thumwald, R. 图恩瓦尔德　143

Tibet　西藏　30，55，148，195—197

Tjurunga　圣物　105，140

Toba-Batak　托巴-巴塔克　192

Totemism　图腾崇拜　10，11，16，17，19，22，26，27，39

Trickster　小丑　187—190，214

Tucci, Giuseppe　居塞佩·图齐　30

Tupi-Guarani　图皮-瓜拉尼人　111，125，126，129，133

Tylor, E.B. 泰勒　15，16，25，29，32，52，57—59，64，65

Upanishads　《奥义书》　70，71，105

Urmonotheism　原始一神教　26，36，58，61

Van der Leetlw, G. 赫拉尔杜斯·范德莱乌　36，88，92

Vanoverbergh, M. 凡诺瓦贝格　27

Verne, Jules　儒勒·凡尔纳　150

Vries, Jan de　扬·德弗利斯　30

Vṛtra　弗栗多　195，196

Wach, Joachim　约雅敬·瓦赫　19，41

Weber，Max　马克斯·韦伯　19

Weston, Jessie L.　杰西·L.威斯顿　147

Whitman，Walt　沃尔特·惠特曼　123

Widengren，G.　威登格伦　32，33，145

Wikander，Stig　斯蒂格·维干德　145

Winthrop，John　约翰·温斯洛普　117

Yang and Yin　阳和阴　202—204

Yinger，J.Milton　密尔顿·英格　19

Zimmer，H.　齐美尔　30

图书在版编目(CIP)数据

探寻:宗教的历史和意义/(美)米尔恰·伊利亚
德(Mircea Eliade)著;晏可佳译. —上海:上海书
店出版社,2022.3(2024.9 重印)
(人与宗教译丛)
书名原文:The Quest:History and Meaning in
Religion
ISBN 978 - 7 - 5458 - 1948 - 9

Ⅰ.①探… Ⅱ.①米… ②晏… Ⅲ.①宗教史-世界
-文集 Ⅳ.①B929.1 - 53

中国版本图书馆 CIP 数据核字(2021)第 256166 号

责任编辑 吕高升
封面设计 郦书径

人与宗教译丛
探寻:宗教的历史和意义
［美］米尔恰·伊利亚德 著 晏可佳 译

出 版	上海书店出版社
	(201101 上海市闵行区号景路 159 弄 C 座)
发 行	上海人民出版社发行中心
印 刷	江阴市机关印刷服务有限公司
开 本	889×1194 1/32
印 张	7.625
字 数	155,000
版 次	2022 年 3 月第 1 版
印 次	2024 年 9 月第 4 次印刷

ISBN 978 - 7 - 5458 - 1948 - 9/B·108
定 价 65.00 元